双轮空竹技法

第2版

SHUANGLUNKONGZHU JIFA

龙腾 主编

河南科学技术出版社
·郑州·

内容提要

本书介绍了双轮空竹的身法、手法、步法，抖空竹的基本技巧，以及双轮空竹的花样技巧。全书共分十章：第一章为空竹抖技与方法；第二章为双轮空竹的基本动作；第三章为双轮空竹的基本技法；第四章为平盘丝沿绳花样技巧；第五章为平盘丝间接脱绳花样技巧；第六章为平盘丝直接脱绳花样技巧；第七章为立盘丝沿绳花样技巧；第八章为立盘丝脱绳花样技巧；第九章为一线二空竹的启动、加速与调整；第十章为一线二空竹花样技巧。本书内容新颖，层次分明，语言流畅，文字通俗易懂，并附有大量的演练照片，具有较强的实用性、操作性、可读性。本书还配有相应动作的光盘，可供读者参照演练。

本书适于广大空竹爱好者阅读，并可作为中小学传统体育课程的培训教材。

图书在版编目（CIP）数据

双轮空竹技法 / 龙腾主编. —2版. —郑州：河南科学技术出版社，2014.6

ISBN 978-7-5349-6926-3

Ⅰ.①双… Ⅱ.①龙… Ⅲ.①抖空竹-基本知识 Ⅳ.①G898.1

中国版本图书馆CIP数据核字（2014）第092166号

出版发行：河南科学技术出版社

地址：郑州市经五路66号 邮编：450002

电话：（0371）65737028 65788633

网址：www.hnstp.cn

策划编辑：韩雅楠

责任编辑：韩雅楠

责任校对：张景琴

封面设计：朱 婧

版式设计：张 伟

责任印制：张艳芳

印 刷：郑州龙洋印务有限公司

经 销：全国新华书店

幅面尺寸：168 mm×235 mm **印张**：13.25 **字数**：210千字

版 次：2014年6月第2版 2014年6月第1次印刷

印 数：1-5000

定 价：28.00元(赠送DVD光盘)

前　言

抖空竹是我国的非物质文化遗产，是中华民族智慧与社会文明的结晶，也是珍贵的、具有重要价值的文化资源。

双轮空竹是空竹家族中的一大门类，由于其安全性强，定位准确，深受空竹爱好者的喜爱，国内有些大中小学校也把抖空竹纳入了正规的体育教学的课程。

“天下最精妙的图画，不能再现其美丽；天下最有力的歌声，不能传达其深远”。抖空竹则是这幅美丽图画的再现，嘹亮的空竹响声就是这有力歌声的续传，这就是抖空竹的巨大魅力。宋代宋江一首“一声低了一声高，嘹亮声音透碧霄。空有许多雄气力，无人提挈漫徒劳”的空竹诗，开创了文字记载抖空竹活动的先河。

近年来，在众多空竹爱好者和空竹老师们的不懈追求中，双轮空竹的花样技巧已摆脱了传统的双轮抖法的束缚。广大空竹爱好者在社会的实践中大胆创新，勇于进取，创造了多姿多彩的双轮花样，为双轮空竹走向竞技的舞台作出了巨大贡献。抖空竹不但繁荣了文化市场，促进了经济增长，而且还愉悦了人们身心，增强了人民体质。在学校中开展抖空竹活动，不但能增强学生们的心理品质，而且还能培养同学们的团结、协作及集体主义精神，使他们远离网络游戏，净化社会风气。

一种文化要想获得发展，必须将文化的传承和积累相结合。通过文字、图片和视频等现代传播媒介，才能使抖空竹这一非物质文化遗产在内容上得到传承，在工艺上有所创新，在社会上受到重视，在文化上得到积累。所以，为了弘扬民族瑰宝，光大中华文明，使抖空竹这一民俗体育奇葩大放异彩，活跃人民群众的文化生活，增强人民群众的身体素质，笔者创编了《双轮空竹技法》一书，旨在为空竹运动暨空竹文化的发展进行挖掘和探索，为学校抖空竹教学提供一本比较简明实用的教科书。

本书共分十章，对双轮空竹技法以简易的单体动作为例进行了描述，内容新颖、层次分明、图视并茂、简明易懂，具有较强的理论性、操作性、实用性和现实性。

在编写本书的过程中，特邀中国杂技团原空竹演员周绍蓉为本书的技术顾问。北京的牛玉红、杨全俊女士，武汉的叶运珍、杨七菊女士，黄石的程小宝女士，郑州的郎秀芳女士，在百忙中为本书的配图和视频做了示范表演。中国洛阳定乾空竹厂及洛阳马坡小学，西安市西航第二小学和周文莉女士，绍兴市快阁苑小学和王伯钧先生，宁波市叶恒军先生以及鄞州区高桥中心小学等学校的领导和师生对本书的编写工作给予了极大支持和配合。温县电视台的张瑞播音员为本书的配套光盘配了音。在此对他们表示衷心的感谢！

由于本人的空竹知识及空竹技艺有限，书中可能会有不妥之处，敬请广大空竹老师不吝赐教。愿大家在科学发展观的指导下，共同为中华民族的全面振兴，贡献我们的力量。

编 者

2010 年 8 月

目 录

竹

第一章 空竹抖技与方法

常言说：走有走法、画有画法，抖空竹则有抖法。在抖法中包括手法、步法和技法。这些方法是决定空竹竞技表演成功或失败的关键因素，所以必须从这些技法上下工夫，才能收到良好的学习效果。

第一节 抖空竹时的造型、动态与体位

古人说:“形生精,精生气,气生神,神生灵（意）。”而抖空竹时的手、眼、身、法、步，把抖空竹中的抖、拉、摇、旋、绕等各种技艺巧妙地结合在一起，充分展示了抖空竹的艺术之美，并达到了“形神兼备、内外合一”的功效。

形，一般是指人体中的一切组织器官，这里指的是抖空竹时的身体姿势和动作的完美。古人说：“形不正则气不顺，气不顺则意不宁，意不宁则神分散。”这里的形，也就是抖空竹时头身正直，含胸垂肩，体态自然，使身体各部位放松、舒适，不仅肌肉放松，而且精神上也要放松，呼吸均匀，逐步进入抖练状态。对每个动作的起落、高低、轻重、缓急要分清楚，不僵不滞，柔和灵活，以收到引挽腰体、活动关节这一健身功效。

抖空竹对每个学习者来说，则应力求姿势正确，学对学明；先求做到“形似”，然后向“神似”方面下工夫，切不可躐等以求。抖空竹中的造型，是按照每个招式的特点而做出的一种象形的姿态，它是手、眼、身、法、步的综合表现，是艺术性的一种展现，是抖空竹中不可缺少的一项主要内容。

一、造型

抖空竹不但是休闲健身的一种形式，而且还是一门艺术。所以就要达到体舒姿美、潇洒飘逸、轻沉自然、动作和顺、刚柔内含，能自然地表现出气派大、形象美的独特风格。这种气派和形象美均是通过造型来表现的。

在抖空竹时，每个动作的外表形态均是不同的，所以造型也是千姿百态、千娇百媚、千变万化的，这样才能给人一种层次感、立体感、美妙感。

例如做回头望月这个动作时，一方面应将空竹挂住后形成左手高右手低的格局，另外还应两腿相交下蹲，头向空竹方向扭转，眼睛看着空竹，这样才能把回头望月的形态充分地表现出来。如果你直立不动，只将空竹挂起，就不叫做回头望月了，而是西瓜地里一个看瓜吓鸟的模特。

要想使造型达到体舒姿美，决不能装模作样，生搬硬套，还要表现出顺其自然的特点，这样才能收到潇洒飘逸的独特效果。

再如做仙人打水这个动作，它是通过两腿相交的造型来表现的。当右向打水时，右腿在前，左腿交于右腿后，双手向右伸展；当左向打水时，则是左腿在前，右腿交于左腿后，双手向左伸展。这些交腿和伸臂就要顺其自然。如果违背了自然这个法则，就会感到别扭。

二、动态

在抖空竹中，初学者可以高接低抛，和平过渡；娴熟者可以四处封杀，各展雄风。体力差的可以以逸待劳，以不变应万变；体力好的可以左奔右突，前后变幻；运动时圆灵轻活、闪展腾挪，轻如燕子抄水、凤凰展翅，重如狮子摇头、豹虎归山。如此就充分地表现了“动”在抖空竹中的重要地位。

所以，要想把抖空竹时的身体造型模仿得惟妙惟肖，就必须具有一定的动态。这样才能做到动、型结合，才能把各个动作做得淋漓尽致。例如在做抬花轿这个动作中，一方面左右抖绳要把空竹一上一下拉起落下，同时两个胳膊还要左右交叉，身体也要随着空竹的起落一蹲一伸。这一起一伏的动态，就充分展现了抬花轿的艺术。所以，抖空竹时的动态也是造型的一种需要和发展。

另外，在抖空竹时即便是一个静态动作，也要把它做活。例如在做风摆荷叶这个动作时，应该是两腿相交，身体下蹲，左右两臂摆动空竹，头部要随着空竹的左右摆动而摆动。这样，就好像荷叶被风吹得来回摆动。但是大部分人却是站立不动，只是两手臂左右晃动而已，这样的动作就没有动感，就显不出风摆荷叶之灵气。

三、体位

在抖空竹中，常用扭体、转体、旋体等语句来表明体位的变化，这种变化是指身体在抖空竹时的位置变换，它是抖好空竹的关键。体位变化的作用就是调整空竹与身体相对的位置，来控制抖绳与空竹的相对角度的关系，保证空竹不产生任何失误，并且还能达到活灵活现的效果。

1. 走动

走动是抖空竹中最为常见的体位变化，并且，只要一上场抖空竹，走动就一直不停。但是，这里所说的走动是具有技术性和技巧性的走动，是增加观赏性和艺术性的走动。

动则变，是事物发生变化的真理，在抖空竹时，采用走动可使一个招式变静为动。例如做图 1–1 走动这个动作时，有的人就是在原地不动地将空竹上掂下放，而有的人却是随着空竹的上掂下放的频率走步，这两种效果就截然不同。所以，走动在各个招式中只要运用得法，就会有意想不到的意境与效果。

图 1–1　走动

2. 扭体

扭体，就是在两脚不动的基础上，身体上部向右或向左扭转。这种身体的变化可以在小范围内改变空竹的角度，如图 1–2 所示。

(1) 正立体　(2) 右扭体　(3) 左扭体

图 1–2　扭体

3. 转体

转体就是原地不动向左或向右转动身体，有时也称转身。这种转体都有一定的角度，一般情况下不超过 90° 。

向左转体时，是以左脚为支点，身体逆时针向左转动，如立盘丝时的向左转等。向右转体时，以右脚为支点，身体顺时针向右转动；如仙人过桥、红玉击鼓时的转体等，如图 1–3 所示。

（1）正立体　　（2）右转体　　（3）左转体

图 1–3　转体

4. 旋体

旋体一般是指身体向左或向右旋转至少在 90° 以上的转身动作。如鹞子翻身、双龙戏日等，如图 1–4 所示。

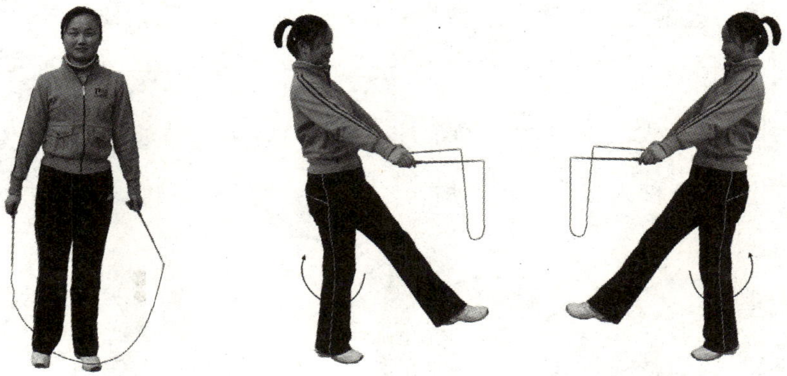

（1）正立体　　（2）右旋体　　（3）左旋体

图 1–4　旋体

旋体时，一定要保证头部端正，腰椎做到垂直中正并放松，上身要自然调直，切忌前俯后仰，左摇右摆；并且在旋转中还应注意上肢的旋转同下肢的旋转同步，真正做到下肢为旋踝转腿，上肢为旋腕转膀。这样才能达到旋转稳健，轻灵圆活。

当然，造型和体位变化还要根据性别和身体的特征分别对待，不能一概而论，每个人要结合自己的实际灵活掌握。

第二节　抖空竹手法图解

抖空竹，主要是用手，各种动作和招式全部是用手法来完成的。抖单轮空竹时，是手腕用力；而抖双头空竹时，则是大臂带动小臂。所以空竹动作规范与否、协调与否，招式是否做得十全十美，均与手法有极大关系。

抖空竹的手法有虚、实之分。一般情况下，左手为虚，右手为实。如是左撇子者，则相反。抖空竹的手法，是根据每个招式特点的不同而进行即时变换的，每个抖练者只要结合每个空竹招式的形式和特点进行实际变换，灵活运用，便可融会贯通，由生硬手法变为熟练手法。

抖空竹的基本手法共有抖、拉、甩、挑、弹、捞、套、勾（捏）、盘、摇 10 种。每个手法有其明显的个性，但各个手法又都具有共性。学习者必须把这 10 种手法全部精练后，才算是学会了抖空竹。

一、抖

平常说的抖空竹，是空竹动作的统称，它只是空竹动作的一种手法。“抖”，就是加扣后右大臂带着前臂向上将空竹拉起，左手随之向下，然后右手臂回落，而左手臂上升，这样往复地将空竹提起和回落，使空竹在抖绳的带动下转速升高，体现各种花样技巧。抖的基本形式如图 1–5 所示。

抖的手法主要是为了增加空竹的转速，或成为两个动作中的过门动作。抖时可能会产生抖绳绕轴或空竹脱出的失误。

二、拉

通过抖绳用力将空竹从某一方位向另一方位进行平面或立面的移动则称为拉，如图 1–6 所示。

拉的手法主要是使空竹的招式具有连贯性，并保持空竹的转速不变。这个手法主要应注意，空竹在拉的过程中由于受力不均离绳脱出或空竹产生偏斜等现象，如拉月、大鹏展翅、风摆荷叶等。

图 1–5　抖

图 1–6　拉

三、甩

为了使空竹快速提升，利用手的急速甩动，将空竹产生加速位移的手法。甩，有水平面中的左右甩和由上向下的甩，图 1–7 所示的甩是立盘丝中的由右向左甩。

甩，一方面可改变空竹的位置，另一方面也可提高空竹的速度。用甩这个手法时，必须和转身相结合，如转身不到位，则空竹易脱出，如玉带缠身、织女舞梭、双龙戏日等。

四、挑

在挑这个手法中，常有竿挑与绳挑两种。挑就是将空竹在竿或绳上的某一点，向需要的地方送去，如图 1–8 所示。挑与其他手法的不同点，就是空竹不论在绳子或竿上，空竹的位置是固定的，空竹只是产生自转。

用抖竿挑空竹时，必须掌握空竹的转向，如果掌握不好空竹的转向时，不是空竹向上旋转伤手，就是空竹顺竿向下滑落。采用绳挑时（如千手观音、拷打红娘、背挑等动作），则容易产生抖绳缠轴。

图 1–7　甩

图 1–8　挑

五、弹

弹，就是空竹从绳上“弹起”的意思，如图 1–9 所示。在抖空竹花样动作中，最明显的主要有貂蝉弄珠、比翼双飞等。连贯性动作中包含有弹的手法，主要有千斤、千手观音、背后钓鱼、空中套铃等。弹时，是两手臂向外张开，利用抖绳的弹性如弹弓一样将空竹“弹”出去的，而不是两手向上将空竹“扔”起来的。这点应特别引起人们的重视；否则，就完不成这个动作，甚至会缠绳打人。

六、捞

捞，就是用抖绳由下向上将空竹挂住拉起，如打捞落在井中的水桶一样，如图 1–10 所示。这种手法多指竖直平面中空竹脱绳下落后重新用绳接住空竹，是空竹动态的基本表现，并且是最为容易失误的关键手法。它不仅需要在正常情况下接住脱绳的空竹，也能将失手的空竹重新“捞”住，以改变“死中求生”的局面。这种手法常用的有海底捞月、反捞月、骗马系列等。

图 1–9　弹

图 1–10　捞

七、套

所谓套，就是用抖绳所形成的绳套去挂住脱绳的空竹，如图 1–11 所示。这是一个高难度手法，它与捞是完全不同的概念。“套”在平盘丝和立盘丝技法中都能使用。在平盘丝中，当空竹脱绳后，抖绳是从空竹轴的上面向下绕轴一周或直接用绳套套住；在立盘丝脱绳后，抖绳是从空竹轴的右侧向左绕轴一周或直接用绳套套住。在花样技巧中常用于千手观音、倒挂金钟等。

八、勾（捏）

勾，就是在抖空竹的过程中，用手指勾（捏）住抖绳，使顺直的抖绳在瞬间形成一个绳套，具有出神入化之功效，如图1-12所示。

勾（捏），虽然是一个小的手法，但在勾（捏）绳时要顺其自然才能勾（捏）住。勾（捏）住绳后，由于绳套较小，空竹容易擦伤脸面，或者空竹易脱绳飞出。勾（捏）的技法中，常有苍松悬铃、玉蟒摇头等。

图1-11　套

图1-12　勾

九、盘

盘，在抖空竹中占有重要地位。所谓盘，就是盘旋，主要有平盘、立盘。在立盘的手法中有顺盘和反盘之分，顺盘时，就是左手绳在上边的发音轮侧，右手绳在下面的发音轮侧。盘动时左右手在竖直平面是上下错位交叉状，右手在下，左手在

图1-13　盘

上。右手在水平面从右向左摆动,左手在水平面由左向右摆动,如图 1–13 所示。反盘时,两手位置相反。

十、摇

在这几年中,摇的手法用得越来越多。所谓摇,就是用抖竿或手臂绊住抖绳,使抖绳在抖竿上缠绕两圈左右,然后再把缠绕的抖绳解脱,如图 1–14 所示。

摇的手法分多种,在平盘中可以摇,在立盘中也可以摇。并且有的是用手摇转,有的是用竿摇转,如龙门摇铃、左右摇铃等。

图 1–14 摇

第三节 抖竿的握法

空竹招式千变万化、层出不穷,它不像打太极拳那样具有一定的套路。在这种情况下,就需要抖练者从基本知识入手,逐步掌握抖空竹的各种技法。

握抖竿的方法,一般人认为无所谓。但是,空竹动作是否舒展流畅,姿势是否潇洒优美,动作是否连贯到位,皆与握竿有很大关系。

握抖竿的形式实际上是拳形的变种。左手握抖竿时先从小指到食指，一个一个依次往里卷，攥住抖竿，然后大拇指前伸压在抖竿上。右手握抖竿时，基本同左手握法，但有的是把大拇指圈在抖竿上。

1．正握

手背向后，手心朝前，虎口向右（左），抖竿向右（左）伸出，如图 1–15 所示。

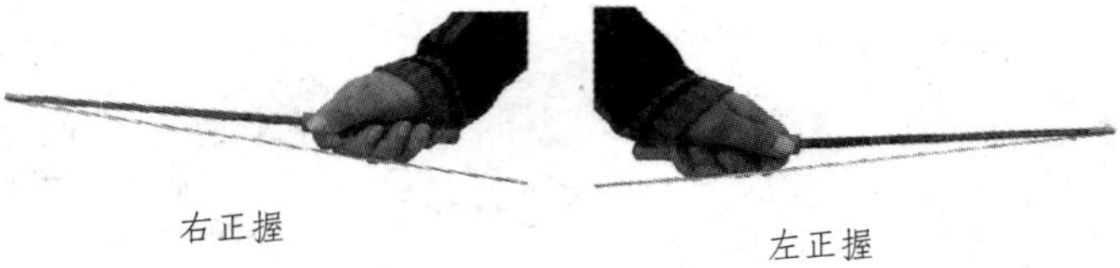

图 1–15　正握

2．反握

手心向后，手背朝前，抖竿向左（右）伸，如图 1–16 所示。

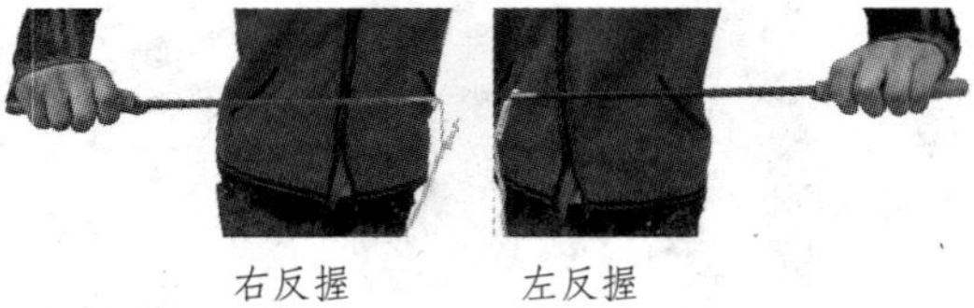

图 1–16　反握

3．仰握

手心与各指向上，手背朝下，如图 1–17 所示。

图 1–17　仰握

4. 俯握

所谓俯握，就是将手背向上，手心朝下，左右竿各向左右边伸，如图 1–18 所示。

图 1–18　俯握

5. 虚握

虚握也称平握，就是手心向上，中指、食指在下，托着抖竿，其余手指伸直，拇指在上虚压抖竿，如图 1–19 所示。

图 1–19　虚握

不论哪一种握法都应注意：手腕要松沉，手指要灵活，手心要留空隙。握竿时以拇指、中指、无名指为主，小指随时配合，随着空竹抖法的变化而灵活运用，顺其自然。

第四节　双轮空竹的绳法

绳法，是指抖绳在空竹轴上的相互位置，这是常常被人所忽视的地方。在抖空竹活动中，我们只知道空竹转速的高低与用力的大小有关。用力大，空竹的转速就高；用力小，空竹的转速就低。但是，空竹的转速还与绳与轴的摩擦力有很大的关系。摩擦力大，空竹的转速高；摩擦力小，空竹的转速就低。这个摩擦力的大小就与绳法有着直接的关系。绳在轴上的包角越大，摩擦力就大；包角小，摩擦力就小。

一、绳法的种类

绳法只有两种。一种是正常抖时的加扣法，也称相交法；一种是做脱绳动作的无扣法，如抛高、脱绳等，如图 1–20 所示。相交法，是指两边的抖绳在轴上是交叉形状，把整个轴的外周全部包裹了起来，其包角为最大，这时用比较小的力也能收到事半功倍的效果。相交法中又分为平面相交法和立面相交法两种。

当你懂得绳法的道理后，就可以利用绳法去调整空竹的转速，以配合每个动作的快、慢、缓、急的不同要求。

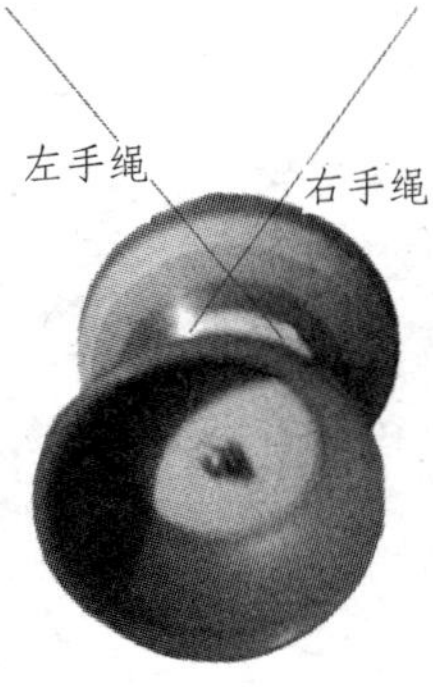

(1) 加扣法

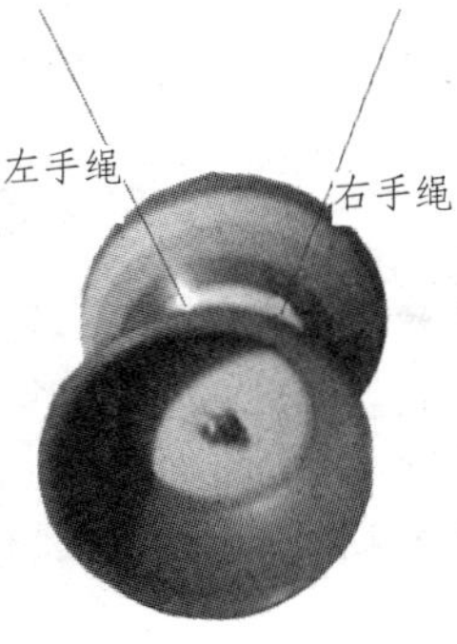

(2) 无扣法

图 1–20　绳法

二、绳法的变换

在抖空竹的过程中，不论是平盘丝还是立盘丝，都是通过抖绳的加扣和解扣来完成每个招式动作的，并且这种加扣和解扣是在相互交替下进行的，所以加扣和解扣是抖空竹的主要绳法。

1. 加扣

所谓加扣，就是抖绳向抖轴上多加一圈。它的绳扣是在空竹轴的下边形成交叉状。这点与单轮空竹完全不同。加扣时应这样进行：空竹启动后，右手竿由下向上经空竹的上边向下绕空竹轴一圈，使所加的一圈抖绳缠绕在空竹轴上，如图 1-21 所示。

（1）两臂打开　（2）右手绕轴旋转　（3）右手向下　（4）右手继续向上

图 1-21　双轮加扣操作示意

如在抖技中遇到有加扣时，就要按上述要求进行绕绳。

2. 解扣或打开

解扣或打开，就是将绳扣取消，成为无绳扣状。如掂、高抛、肘花、流星赶月、鹞子翻身、仙人渡桥等动作，只有在打开状态下才能完成。解扣时的顺序与图 1-21 所示相反。

3. 反抄

反抄是指绳位发生了变化。一般情况下，多指右手绳同左手绳进行了调位处理。这种反抄多用于盘丝动作中，如滚雪球中的绳位变换：盘丝过顶时，或空竹盘到身体右侧时，使右手绳反过来处于空竹上边的发音轮侧，左手绳在右手绳的下方等。

4. 脱绳与缠绕

在练习抖空竹中，你可能经常遇到的是不正常的脱绳和绳在空竹轴上的不规则缠绕。这是初学者经常遇到的问题，也是抖空竹表演中最为让人尴尬的事。

（1）脱绳。就是空竹从抖绳的绳套中脱出。这里有正常脱绳和非正常脱绳两种。

正常脱绳有平盘丝脱绳和立盘丝脱绳两种。凡是平盘丝脱绳主要有这几种情况：一是将抖绳的绳扣打开向上抛起的竖向脱绳法，如抛高、跳跃等；再者就是右手采用正拉或反拉将空竹由左向右脱出的横向脱绳法，如转身揽月、侧骗马等。而在立盘丝中则有反抄脱绳和顺盘丝脱绳之分，分别称为反脱和顺脱。反抄脱绳就是右手绳调到发音轮侧后，右手向上拉动空竹，左手向下按压，使空竹脱出。顺盘丝脱绳就是在正常盘丝的情况下将空竹脱出，脱绳时左右手绳位不变。在立盘丝中，除了在盘龙吐珠的招式中空竹是横向脱出外，其他的都是向上的竖向脱出。

不正常空竹的脱出，就是在抖空竹时，空竹脱离抖绳的限制而脱出的现象，它与表演时的脱绳是不一样的。这种脱绳具有伤害自己和他人的可能性。究其脱绳的原因，就是抖绳与抖轴的绳槽不垂直。影响不垂直的主要因素有三：一是空竹的自转与公转速度过快，空竹轴向不与身体垂直；二是在做花样招式时，由于转身的角度过小，绳与抖轴没有形成三角形，绳与轴的包角超过60° 而产生脱绳；三是手法不灵活或动作不到位导致空竹脱绳。

解决空竹脱绳问题的最根本方法，就是要全面理解空竹每一招式的基本要领，加大各项基本动作的训练，使手、眼、步、法、神协调一致。

（2）绳的缠绕。绳的缠绕在刚开始练习的过程中发生频率最高。绳的缠绕不但影响了正常抖空竹活动，而且有时还会发生空竹在缠绕失控后伤及自己的现象。绳的无规则缠绕，是抖空竹中的老大难问题，就是空竹高手有时也会失误。绳子缠绕的主要原因有如下几种：

①湿度过大。在早晨和阴雨天气时，纯棉线绳中含水分多，抖动时

绳与轴明显有涩逆感，如果提速过快，则会产生缠绕现象，而且容易将绳绞断。

②右手用力较小，空竹瞬时滑向左手竿头而且容易将绳扭断。

③转身角度过大，或者未按要领做，使左手绳在发音轮内侧产生较大摩擦被缠绕。

④在正常抖动时，因为左右绳子没有 5° 的夹角，绳子缠绕。

⑤正常脱绳时绳没有脱离而产生缠绕，这在立盘丝动作中产生较多。

⑥在一刹那间精神不集中或受外界干扰而发生绳子缠绕。

避免绳子缠绕的措施就是要充分掌握抖空竹的各种要领和方法，做到思想集中，运动速度适宜，身法敏捷，步型、步法和手法到位。并应根据大气中的湿度和所处的抖空竹环境来正确选用抖绳。

第五节 空竹要领秘籍

在空竹抖技中，如何保证空竹处在水平的状态，或是空竹不偏离观众的方向，这就要掌握好双轮空竹的平衡要领，并要理解空竹在抖绳上的动态表现。在这一节中我们就来讨论这些问题。

一、空竹平衡的要领

在抖空竹时，如要保证空竹不论是在竖直平面还是在水平平面均能达到平衡，就必须遵守以下四个要领：

1. 要平行

不论做任何动作，身体和空竹的某一端面要平行，这样抖绳始终不会脱槽。实际上，就是抖绳应该垂直于抖轴，并与身体平行。如风摆荷叶、哪吒蹬轮、肘上生花、流星赶月等。在做立盘丝的各项动作时，要保证空竹轴垂直于地面，身体与空竹轴相向平行。

2. 要同面

所谓同面，指的是两个竿头要在同一平面内，这样空竹的运动才能保证在同一平面内。如平盘丝时，两竿头是在同一的竖直平面；做立盘丝时，两个竿头是在水平平面内。但是，为了不使抖绳缠绕于空竹上，应将抖绳错开 5° 左右。

3. 要协调

这里所说的协调，指的是双手的配合要协调。在抖空竹时（左撇子除外），主要是右手用力，左手则配合右手拉、送。如果左右手配合不协调，空竹转速不但不能升高，还会产生绕绳或脱绳。除了双手协调外，还要注意两腿的协调，两眼与手的协调等，因为要调整空竹与身体的相对位置处于正常的范围内，转身是关键问题，这样就必须做到双腿协调，两眼与双手的协调。

4. 要成角

不论是抖、拉、盘等动作，或是空竹平面运行，还是立面旋转，空竹与两根抖绳和人体均应构成三角形。用空竹艺人常用的说法就是要使抖绳形成一个“兜”。这个“兜”的角度越小，空竹才越不会脱出。

二、空竹动态表现

空竹的动态表现，就是指空竹在抖动时的运动规律，掌握了这些规律对提高抖技有着明显的作用。

1. 飞

在介绍空竹招式中，常用飞来描述空竹的动向发展。所谓飞，就是指空竹脱绳后向某一方向运动的情况，如图 1-22⑴所示。如一线二空竹花样中，空竹从左手绳飞向右边绳上等。

2. 滑

在有的时候，动作中常用滑来说明空竹的动态发展。这里的滑，是空竹在不加任何外力的作用下，沿着抖绳的自由滑动，如高山流水、仙人过桥、金猴蹬丝等。如图 1-22(2)所示。

3. 溜

溜与滑从形式上看都是空竹沿绳运动，但是它们却有着本质的区别。溜是在对空竹附加外力作用后的沿绳运动，如背溜、大鹏展翅、貂蝉拜月等。滑是向下，但溜既可向上溜也可向下溜，如图 1-22(3)所示。

4. 落

落是指空竹自由地落于绳套打开的抖绳上。这种情况一般是在竖直平面中空竹的动态表现，如图 1-22(4)所示。

5. 移

移也称移动，这种移不是空竹的自身移动，而是空竹在抖绳的带动下从一个方向移动到另外一个方向。这种情况在各个招式中均有表现，它是通过手臂的活动而带动空竹的位变。如玉带缠身、神龙摆尾、千手观音等。

常言说，动则变，空竹的各种动态表现均能引发空竹的不平衡和落

（1）飞　（2）滑　（3）溜　（4）落

图 1-22　空竹动态

地，所以一定要引起高度的重视，只有探索这些动态的发展规律和特点，才能使空竹处在良好的运行状态。

第六节　双轮空竹的进法与退法

在平常的学习过程中，你可能会经常听到“一问三不知”这句话。那么，什么是“三不知”呢？这就是不知道事物发展的开始、事物发展的过程和事物发展的结果。学习抖空竹，一定要达到一问三知的水准，也就是要对每一个花样开始如何进去的、中间线路是怎么走的、最后又是怎样退出来的有所了解，这样就是你懂得了空竹在抖绳上是怎样运行的了。

一、空竹进入式

抖空竹时的进入式，就是每个花样技巧刚开始时如何进行的，因为它与每个花样的技法有着很大关系。综观双轮空竹的抖法，有如下几种。

1. 身前进入式

身前进入式是空竹在身体前边开始的动作，主要有如下几种。

1. 直接带起式。直接带起式如图 1–23 所示，就是将空竹由左手绳或右手绳直接带起。这种方式可参阅风摆荷叶、麻姑献寿、怀中抱月等。

图 1–23　直接带起式

2. 腿（臂）进入式。这种方法就是将抖转的空竹垂于身前，然后抬起左腿（左臂）或右腿（右臂）进入绳套中，再去做相应的动作，如图 1–24 所示。可参阅腿下脱竿、肘上翻花、拨草惊蛇、瑶女梳妆等。

（3）手指勾绳式。该方法就是一手持竿，另一只手将抖绳勾住，在胸前呈水平状，然后将空竹抛出的一种方法，如图 1–25 所示。可参阅天外云龙、听琴落雁、苍松悬铃等。

图 1–24　腿（臂）进入式

图 1–25　手指勾绳式

（4）弹起空竹式。弹起空竹式是先将空竹直接抛起或弹起，接住空竹后再做下边的动作。在这个进法中，当空竹抛起后，有直接落绳法，如侠女射雁、奋起直追等，如图 1–26⑴所示；有上竿法，如拷打红娘、松鼠跳枝等，如图 1–26⑵所示；还有绳套法，如春燕衔泥、直插云霄、双龙戏日等，如图 1–26⑶所示。

（1）落绳法　（2）上竿法　（3）绳套法

图 1–26　弹起空竹式

（5）搭绳式。搭绳式就是将抖绳搭到抖竿上，如转身得宝、淑女抛球、鹰击长空等，如图 1–27 所示。

图 1–27　搭绳式

2. 身后进入式

这种进入式也是常用的一种技法，它比身前进入式的难度有所加大。常用的方法有下列三种。

（1）拉起式。根据双轮空竹的特点，一般情况下，都是左手拉起空竹，然后从身体右侧的上方进入到身后，常见的有身后望月、金凤展翅等，如图 1–28⑴所示。立盘丝的花样动作，是将空竹盘起后直接将空竹向左甩去，右手臂从左侧过顶到身后，这是顺盘过顶，常见的有神鲸摆尾、仙人下凡等，如图 1–28⑵所示。还有一种是反抄过顶，就是当空竹盘到身体右侧时，右手绳调到左手绳的上方，然后再从左侧过顶到身后，常见的有出水回龙、贵妃更衣等，如图 1–28⑶所示。

（1）右上进　　（2）顺盘过顶　（3）反抄过顶

图 1–28　拉起式

（2）抛起式。抛起式运用较多，它是将空竹抛起脱绳后，右手从身体左侧过顶到身后，然后接着下落的空竹。常见的有飞龙驮珠、木兰舞枪、观音旋珠等，如图 1–29 (1)所示。在立盘丝中的背后飞珠，是将空竹盘到左侧时，右手拉动空竹脱绳从身后飞向右侧，如图 1–29 (2)所示。

（3）跨绳式。跨绳式就是将空竹启动后垂于身前，右腿、左腿先后从抖绳上跨过，然后再做相应的动作，如图 1–30 所示。常见的有背翻法、金鸡上架等。

（1）右进　　（2）左进

图 1–29　抛起式

（1）左跨法　　（2）右跨法

图 1–30　跨绳式

二、空竹退出式

有进就要有退，这是抖空竹的必然性，也是学习的重点。试想，如果你在抖空竹时只能进入而不能退出来时，就只能以失败而收场。所以，要想抖好空竹，必须遵循“进得自然，出得顺畅”这八字方针。在这里主要是说抖绳在身后时如何过顶向前的退出方法。

1. 侧位拉出式

侧位拉出式是抖绳在身后常用的退出方法。一般情况下左手或右手带着空竹从右侧或左侧过顶向前的都有，如图 1–31 (1)、(2)所示。常见的有观音旋珠、玄女缠腿、木兰舞枪等。

立盘丝时，则是左手带着空竹在身后向右运行，左手逐渐过顶到身前，如图 1–31 (3)所示。如神鲸摆尾、仙鹤盘旋等。

（1）右出式　（2）左出式　（3）立盘右出式

图 1–31　侧位拉出式

2. 跳出式

这是立盘丝时所用的方法。也就是左手横在身后，空竹在身后运行，这时可采用双腿跳起，抖绳从两腿下通过向前，如图 1–32 所示。

图 1–32　跳出式

3. 抛起式

抛起式也是常用的退出形式，一般是抖绳翻挂于左手臂上，或是空竹从身体右侧到达身体左侧时均采用这一退出法。退出时，左手向上将空竹提起脱绳，如图 1–33 ⑴所示；或是将双竿松手脱出，然后右手过顶接住空竹，如图 1–33 ⑵所示。例如，拨草惊蛇、沉香祭灯等是将空竹抛出，而双龙戏日则是将双竿抛出的典例。

（1）左抛式　　（2）抛竿式

图 1–33　抛起式

第七节　空竹的运行方向

世间一切事物都有一定的规律性，抖空竹也是这样，它不但要在绳套中进行自转，还要随着抖绳的旋转、摆动产生公转，只是这个公转的轨迹是不确定的。所以，为了使大家更好地掌握双轮空竹的抖技，就要对空竹在空间平面中的运行方向有所了解。

一、空竹的自转方向

空竹自转的方向是空竹启动后而形成的，这个方向在整个花样技巧中是不会改变的。

要知道空竹自转的方向性，就要给它一个方向的参照面。在本书中，是以抖空竹者为参照面，然后来确定空竹是按顺时针方向还是逆时针方向旋转，这实际也是操作者操作时的空竹旋转方向。这个参照面也是整个抖空竹过程中的空竹运行方向的参照面。所以，这一点大家一定要记清，否则你在学习的过程中就看不懂其要领。

图 1–34　空竹自转方向

根据双轮空竹的特点和抖绳在空竹轴上的关系，空竹的自转方向是以逆时针方向而旋转，而从外边看则是顺时针方向，如图 1–34 所示。

二、空竹公转方向

空竹公转方向是指空竹在操作人员的直接操作下的运行方向。这种运行方向千变万化，种类繁多，不能一一描述，但最基本的一点是要记住下面的情况：空竹在身前下边时，往往是从右向左运行，如图 1–35⑴所示；如空竹在身前上方时，均是从左向右运行，如图 1–35⑵所示。

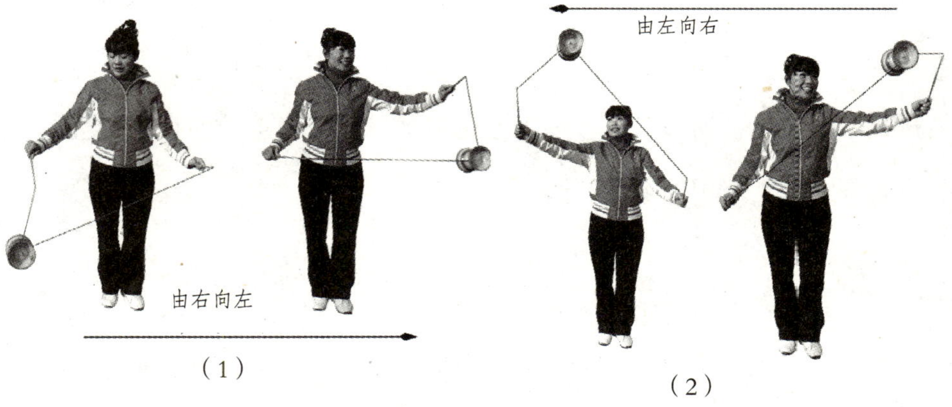

图 1–35　公转方向示意

当你在本书中看到从哪个方向向哪个方向运行时，均是以操作人员作为参照面的，这和上面的介绍是一致的。

在操作中，还可能遇到手臂的摇转或转竿之类的内容，这些方向也是以操作人员的参照面为基础的。

第二章 双轮空竹的基础动作

学习双轮空竹技巧，也与学习其他体育项目一样，必须先学习基础动作，然后才能循序渐进，去学习双轮空竹的花样技巧。

第一节 双轮空竹的启动、抖法与调整

所谓空竹的启动，就是使空竹在抖绳上能转动起来。虽然说得这样轻松，但是做起来还是有点难度。大家只要掌握了要领，在教练的指导下进行练习，一定能掌握空竹启动的方法。

一、空竹启动

由于双轮空竹结构的特殊性，它比单轮空竹的启动简单得多。综合全国各地常用的双轮启动方法，主要有下列两种。

1. 地面滚动法

这种启动方法，就是让空竹在地面滚动后产生一定的旋转惯性，是初学者最理想的启动方法。其启动要领是：

⑴将空竹放于地面之上，使一个轮的端面对着自己。如为轴承空竹时，则应符合转向要求。

⑵两手握竿，并将抖绳从发音轮下通过，线扣为打开状，如图 2–1⑴所示。

⑶右手向左拉动空竹，使空竹沿地面向左滚动，如图 2–1⑵所示。

⑷当空竹滚动后，随即将空竹向上拎起，两手上下抖转空竹，如图 2–1⑶所示。

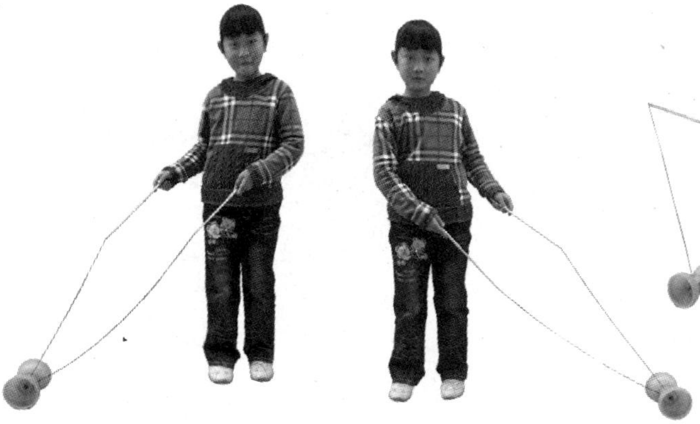

（1）空竹置于右侧　　（2）拉到左侧　　（3）提起抖动

图 2–1　地面滚动法

2. 手捻启动法

手捻启动法就是用手捻动使空竹旋转。其要领是：

（1）准备　　（2）放入绳套　　（3）捻转抖动

图 2–2　手捻启动法

⑴左手握住两根抖竿，绳套为打开状，如图 2–2 ⑴所示。

⑵右手拿着空竹放于打开的绳套上，空竹的一发音轮朝向身体，如图 2–2 ⑵所示。

⑶右手五个手指分开，握住空竹，并按逆时针方向将空竹捻转。

⑷右手接过抖竿，上下拉动空竹，如图 2–2 ⑶所示。

二、抖法与调整

由于双轮空竹结构与单轮结构上存在的差异，所以，它的抖法与调整也就不尽相同。

1. 抖法

双轮空竹启动后，就开始抖动空竹。抖动双轮空竹时，应按下面的口诀进行：“一对正，二对齐，右臂用力反复提，左臂配合右臂移”。其操作要领是：

⑴将启动的旋转空竹的一个轮面正对着自己的身体，然后向上拉起，这就是口诀中的一对正。右手绳从右向左，经空竹下方绕轴一周。

⑵那么，如何二对齐呢？就是两根抖竿的竿头均应和空竹轴在同一平面内。但是，为避免抖绳相互压绕，左手竿头向前，右手稍向后，使两绳之间的夹角保持在 5° ~ 6° 。空竹悬挂于身体右侧，右边绳上下垂直，与左边绳构成直角。

⑶向上抖动时，右大臂向上，带动小臂和抖竿向上，左手随之相送和回拉，不得手腕用力，就是“右臂用力反复提，左臂配合右臂移”的口诀要领。

⑷重复上述动作，使空竹转速升高。

2. 调整

空竹在运转时由于两手用力的不均衡、空竹本身的轴向跳动、风力和风向等各因素的影响，会产生倾斜和方向错位等现象。在这种情况下，就要根据空竹的运行情况，随时对倾斜和错位的空竹进行调整，保证空竹的正常抖动和方向。

（1）一头高一头低的调整。空竹一头高一头低的调整方法，就是用抖绳去压相应的轮面。如果空竹的外轮高起，应用右手抖绳去压外边轮侧，迫使其向下，如图 3-3 (1)所示；当身边轮向上高起时，则应用右手绳对身边高起的轮侧稍微施压，使其达到平衡时止，如图 2-3 (2)所示。

在调整里、外轮一头高一头低时，绳扣均为打开状。

通过上边的描述，可以总结成这样一句话："外轮高时右手向前，里轮高时左手向前"。

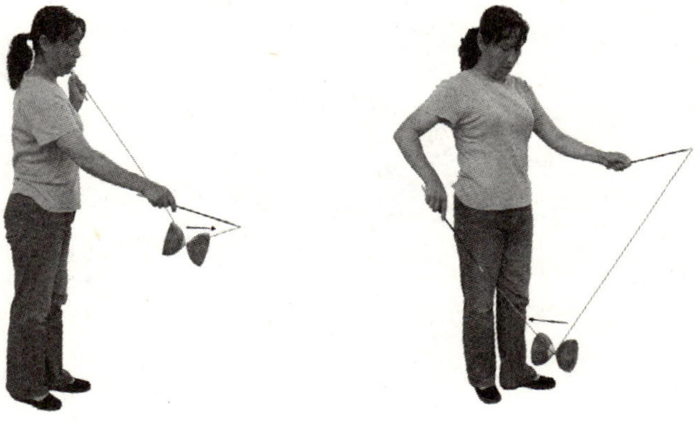

（1）压外边　　（2）压里边

图 2-3　高低的调整

（2）左右错位的调整。上边的调整，是空竹在竖向平面内的调整，而左右错位的调整则是在水平平面内的调整。所谓水平平面内的调整，就是空竹的发音轮不与身体平行，发生了向左偏移或向右偏移的现象，影响正常的抖动。

当你面南对着观众，空竹的方向偏向西面（向右偏移）时，则应对空竹进行逆时针方向的调整。调整时，右手竿上举，左手竿头轻压身体侧的轮上面，空竹就会恢复到正南位置，如图 2–4⑴所示；当空竹偏向东面（向左偏移）时，则应按顺时针方向进行调整。调整时，用右手竿头轻压外侧轮的上面，空竹便会恢复到正南方，如图 2–4⑵所示。这就是我们常说的“外轮向右压后轮，外轮向左压外轮”的经验总结。

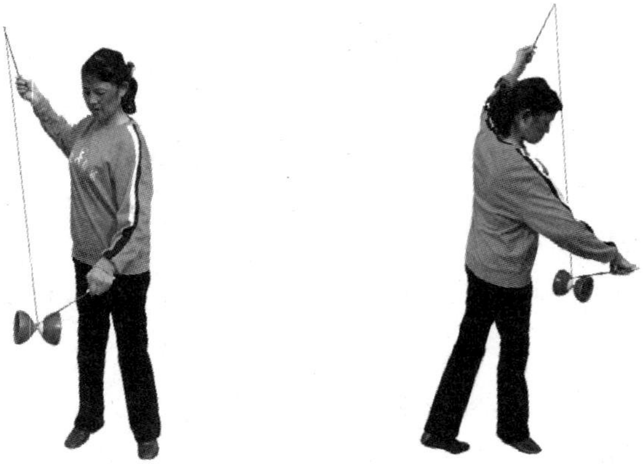

（1）右偏　　（2）左偏

图 2–4　左右错位的调整

（3）空竹跳动的调整。由于用力的不均衡和空竹的不同心，空竹可能会产生跳动，直接影响到正常的抖动。这时只要用右手竿轻轻地点压一下里侧轮的上面，空竹就会平稳运转。

第二节　双轮空竹的加速

空竹启动后，必须有一定的转速才能完成各种技巧。提高空竹的转速是保证双轮花样技巧的基本方法。所以，练好双轮空竹的加速与基本技法至关重要。

一、垂直加速法

垂直加速法就是平常所说的上下扯、上下击鼓等。这是在双轮抖技中常用的一种加速方法。所谓垂直加速，就是空竹在身前上下的反复运行。其要点是：

⑴启动空竹，右手绳加扣。

⑵右手在下，左手在上，准备向上提起空竹，如图 2–5 ⑴所示。

⑶ 空竹向上到达抖绳的尽头时，右手在上，左手在下，再带动空竹向下运行，如图 2–5 ⑵所示。

（1）向下　　（2）向上

图 2–5　垂直加速法

⑷ 重复上面的⑵、⑶操作，空竹垂直向上或向下运行。

在用这个技法时，右腿向前一步支撑身体；左腿在后呈虚步状，脚尖着地，脚后跟抬起。

二、斜向加速法

斜向加速法有的称为“右扯”或“左扯”，“右侧鼓”或“左侧鼓”。从其形式看，像塞外腰鼓，因为它是从侧面敲击的。它的操作要领是：

⑴启动空竹，右手向右将空竹带起，右手绳顺势按逆时针方向绕轴一周（加扣）。

⑵左手向上抬起，右手向右上方提起空竹，如图 2–6⑴所示。

⑶空竹到达右上方后，右手回拉，到达身体下方后，右手重新向右上方提起。向右上方提起的角度，一般应在 45° 左右，如图 2–6⑵所示。

⑷当向左侧左上方时，右手退出绕绳，抖绳呈打开状。

⑸左手从空竹左上方顺时针方向绕轴一周，右手向上举，左手带动空竹向左上方抖去，如图 2–6⑶所示。

⑹空竹到达左侧上方后，右手回拉，空竹回到身体下方，如图 2–6⑷所示。然后重复上述动作向左上方送去，并且向左上方的角度也为 45° 。

（1）右上　（2）右下

（3）左上　（4）左下

图 2–6　斜向加速法

在用这个技法时，不能两腿立着去做，而要有一个身体造型。当向右上方提起空竹时，左腿向前，交于右腿前边，身体稍向右倾斜；当向左上方提起空竹时，则是右腿在前，交于左腿，身体稍向左倾斜。这样既能保持身体平稳，而且还具有观赏性。

三、圆周加速法

圆周加速法也是双轮空竹中的一个基本抖法，它是对空竹加扣后，右手拉动空竹在身前的竖直平面中进行连续的圆周旋转而将转速升高，如图 2–7 所示。

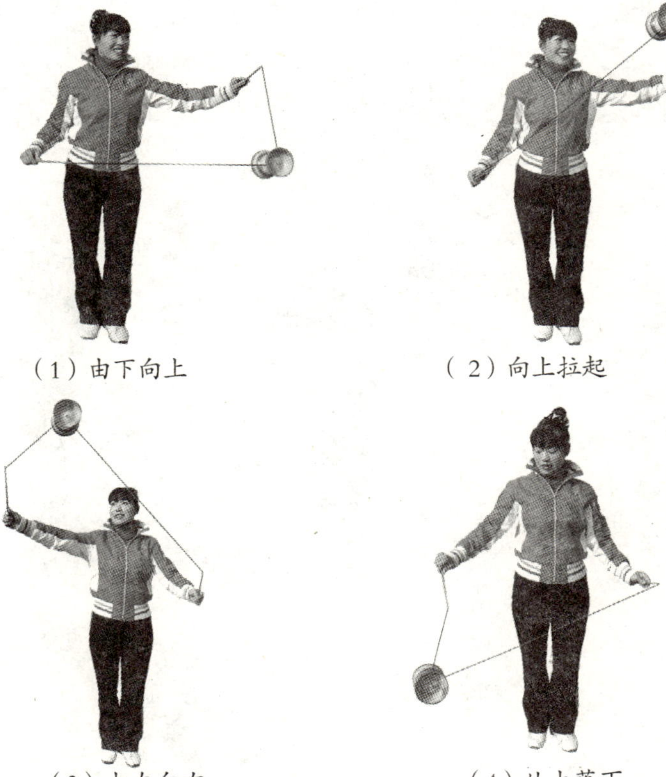

（1）由下向上　（2）向上拉起　（3）由左向右　（4）从上落下

图 2–7　圆周加速法

四、横向加速法

横向加速法也称左右加速法，它既是一种加速动作，也是一种花样技法。一般抖空竹者都称它为“风摆荷叶”。其方法如下：

⑴按空竹启动法启动空竹，加扣后按双轮抖法抖转空竹。

⑵空竹转速升高后解扣，右手向上将空竹抛起，如图 2–8 ⑴所示。

⑶两手竿头向上将抖绳拉直，右手较高，左手稍低，使空竹落于抖绳上，如图 2–8 ⑵所示。

⑷空竹落到绳上后竿头朝后，使抖绳位于身后。空竹沿绳滑到身体左侧后，右手过顶向前，如图 2–8 ⑶所示。

⑸右手拉动空竹从左向右，左腿后撤交于右腿后边，下蹲。这时右手较低，左手稍高，如图 2–8 ⑷所示。

⑹两臂同时向左摆动，带动空竹从右向左，同时身体下蹲，如图 2–8 ⑸所示。

⑺空竹到达左侧后，两臂再向右摆动，带动空竹从左向右。

（1）抛起　（2）接住　（3）过顶向前

（4）摆向右侧　（5）摆向左侧

图 2–8　横向加速法

重复(6)、(7)操作，使空竹从左向右，再从右向左往复运行，使转速提高。

当然，如果是在做套路动作时，可省去(1)～(4)操作，直接将空竹从左侧拉起进行加速。

第三节　双轮空竹的弹与抄

在双轮技艺中，所谓弹，就是空竹在抖绳上弹起和落下；所谓抄，就是两手臂交叉，将空竹弹起，然后再收住空竹的方法。下面我们来介绍这两种技艺的操作方法。

一、弹

(1)启动空竹，做加速动作。

(2)待空竹转速升高后，解扣，如图 2–9 (1) 所示，并使空竹到达左手竿头处。

(3)右腿后撤，交于左腿后边，右臂向右前方伸直。左手较低，拉直抖绳，小臂向上将空

（1）解扣

（2）空竹弹起　　（3）落于绳上　　（4）调于右侧

图 2–9　弹

竹弹起，如图 2–9⑵所示。

⑷空竹弹起后，拉紧抖绳，使弹起的空竹落到抖绳上，如图 2–9⑶所示。

⑸重复⑶操作，使落于抖绳上的空竹重新弹起。

⑹待空竹在左手抖绳上来回弹起 3 ~ 5 次后，将空竹挑至右手竿处，用右手小臂向上将空竹弹起 3 ~ 5 次，如图 2–9⑷所示。但是应注意，这时是左腿后撤，交于右腿的后面。

二、抄

所谓抄，就是两臂交叉的意思，向上将空竹弹起，有的也称交叉捞月。

⑴启动空竹后进行加速。

（1）解扣　（2）弹起　（3）交叉

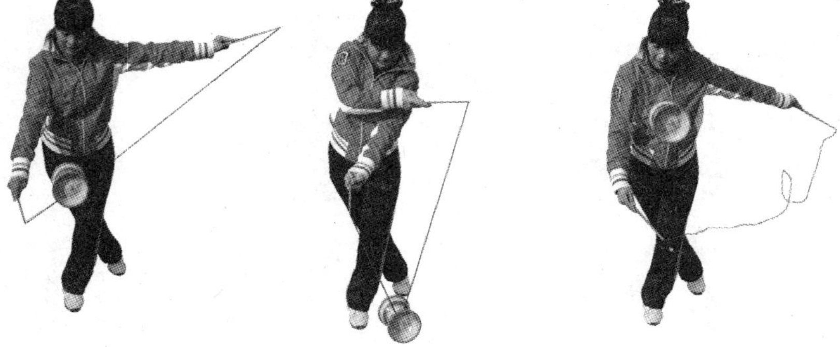

（4）接住　（5）交叉　（6）接住

图 2–10　抄

⑵将绳扣解除，使空竹在无扣的状态下运行，如图 2–10⑴所示。

⑶右手向上，将空竹脱绳弹起，如图 2–10⑵所示。然后右手绳从空竹的右侧套住空竹。

⑷左手由左向右位于右臂之上，右手臂在左手臂的下边，形成交叉状，如图 2–10⑶所示。

⑸右手向上将空竹弹起脱绳，随即右手向右，使下落的空竹落于绳上，如图 2–10⑷所示。

⑹右手再次将空竹抛起，并使抛起的空竹位于身体的左侧。

⑺左手从空竹的左边向下套住空竹，同时左手臂向右，右手臂向左呈交叉状，使左手臂在右手臂的下边，如图 2–10⑸所示。

⑻左手向上将空竹弹起，右手向右伸展，使下落的空竹落于抖绳上，如图 2–10⑹所示。然后加扣加速，恢复原状。

第四节　双轮空竹的千斤与抱月

双轮空竹的千斤与抱月技法，是双轮空竹花样技巧常用的方法，所以一定要勤学苦练，牢牢掌握。

一、千斤

千斤是双轮技法中的基本技法，可体现出双轮技法的绝妙之处。千斤分左千斤和右千斤。其操作要领是：

⑴启动空竹后用加速的方法提高空竹的转速。

⑵右手放低，左手稍高，将空竹调于右手竿处，如图 2–11⑴所示。

⑶右手将空竹向上挑出，空竹离绳后，抖绳从空竹的里侧向上弹起，

如图 2-11⑵所示。

⑷待空竹下落时，右手绳从空竹的前边向下去接住空竹，如图 2-11⑶所示。

⑸空竹落到绳上后，再重复上边的操作。

⑴调到右边　⑵向上弹起　⑶从下接住

图 2-11　右手千斤

当右手连续做 5 个千斤后，可转换到左手进行操作。左手操作的要领和步骤同右手操作相同，唯方向相反，如图 2-12 所示。

（1）调到左边　（2）向上弹起　（3）从下接住

图 2-12　左千斤

二、抱月

抱月是两手向上将空竹提起和放下的一种基本技法，具有动作典雅、姿势优美等特点。其操作技法是：

⑴启动空竹并加速。

⑵解除绳扣，使空竹处于无扣状态，如图 2–13⑴所示。

⑶右手由下向上，使空竹按逆时针方向由右向上划圆弧下落到左下方，如图 2–13⑵所示。这时身体向左转 90°，左腿由后向前。

⑷如图 2–13⑶所示那样，两手同时向上提起空竹，两竿由前向后摆动，使空竹分别加扣和减扣，如图 2–13⑷所示，这时右腿向前迈动。

⑸两手臂向上，空竹由上向下落下，如图 2–13⑸所示。

⑹重复⑷、⑸的操作。

（1）解扣

（2）调于左侧

（3）提起

（4）加减扣

（5）下落

图 2–13 抱月

做抱月动作时，加扣和无扣均能完成。向上提起空竹时，两腿应随着节奏向前迈动，并且应使空竹处于身体的右侧。

第五节 双轮空竹的弹跳法

所谓弹跳法，就是平常所说的“窜”，也就是空竹在抖绳上和身体的某个部位左起右落，形成一个往复循环。

一、环绳弹跳法

环绳弹跳法就是空竹沿着抖绳从一端滑到另一端，然后将空竹向上弹起到开始端，一直这样循环地运行。其操作要领是：

（1）加速解扣

（2）左侧挑起

（3）向右飞行

（4）落于右绳

图2-14　环绳弹跳法

⑴启动空竹，并对空竹进行加速，然后右手解扣，如图 2–14⑴所示。

⑵右手向上，使空竹从右手端沿绳到左手端，左手向右上方挑起空竹，如图 2–14⑵所示。

⑶空竹由左侧向右侧飞去，如图 2–14⑶所示。

⑷右手右伸接住下落的空竹，如图 2–14⑷所示，并使空竹再沿绳滑向左手竿。

⑸重复⑵～⑷的操作，使空竹从左向右弹起，再从右到左沿绳运行。

二、腿下环跳法

腿下环跳法是空竹在腿下进行圆周跳动，所以有的也称为腿窜。在做这个动作时，由于是一条腿支撑，另一条腿抬起，所以也是练习身体平衡的最佳选择。

⑴启动空竹后先做环绳弹跳，然后调空竹于身体偏左侧，如图 2–15⑴所示。

⑵待空竹到达左侧时，右腿抬起并从绳上穿过前伸，如图 2–15⑵所示。

⑶左手向右上方将空竹提起离绳，空竹飞向右手绳，如图 2–15⑶所示。

（1）调于左侧　（2）右腿进入　（3）左手上提　（4）碰到右绳

图 2–15　腿下环跳法

⑷如图 2–15 ⑷所示，空竹碰到右手绳后，再从右手绳向下过腿回到 2–15 ⑵所示的位置，然后再按⑶操作进行。

⑸重复上述操作，待空竹在腿下来回三次后，左腿从绳上退出。

右腿完成后，可接着做左腿，方法相同。

三、环腰跳法

环腰跳法有的称为腰圈、腰花等，就是空竹围绕着腰部来回跳转。

⑴启动空竹并加速，转速升高后解扣，如图 2–16 ⑴所示。

⑵右手向上将空竹提起脱绳，左右手拉直抖绳过顶到身后，右手向右伸，接着下落的空竹，如图 2–16 ⑵所示。

⑶如图 2–16 ⑶所示，空竹落到绳上后，左腿向前跨一步，身体后仰。

（1）解扣　（2）抖绳过顶　（3）落到右手绳上

（4）左手上提　（5）落到右手绳上

图 2–16　环腰跳法

⑷当空竹到达左手竿头时，左手向上带起空竹向右侧飞去，如图 2–16⑷所示。

⑸右手向上拉紧抖绳，让空竹落到右手绳上，如图 2–16⑸所示。

⑹空竹从右向左再次滑到左手竿头时，按⑷操作进行。

⑺重复上述操作，空竹在腰下来回运转。待转过三圈后，身体复原，抖绳过顶向前，接住空竹。

四、环肘跳法

环肘跳法又称膀窜或肘窜等，也是双轮动作常用的一种。

⑴启动空竹后做加速动作。

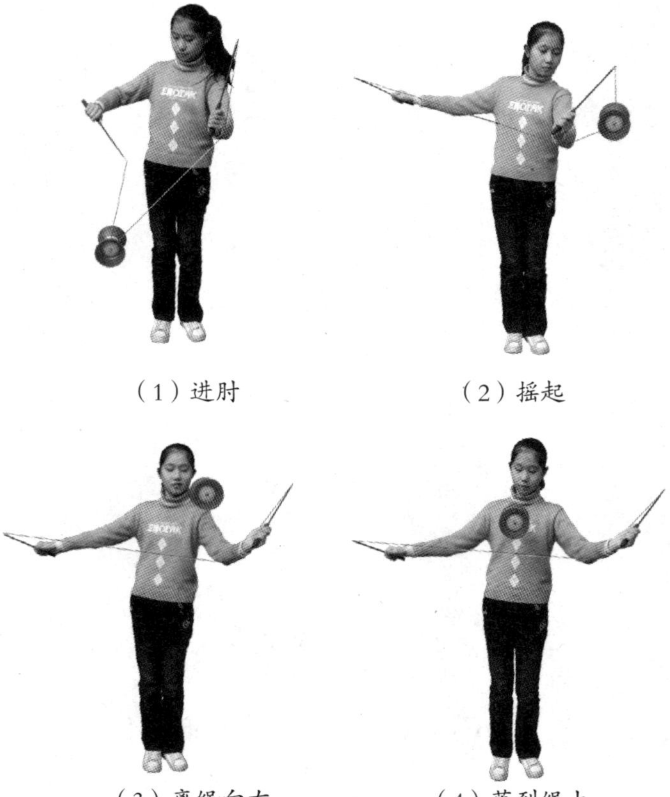

（1）进肘 （2）摇起

（3）离绳向右 （4）落到绳上

图 2–17 环肘跳法

⑵待空竹运转平稳后，将空竹沉于下方，左小臂向上弯起，把抖绳调于左手臂的下方，如图 2–17⑴所示。

⑶左手竿头朝向左上方，左手臂由左向右做圆周运动，右手由右向左带着空竹向左运行，空竹沿绳向上，如图 2–17⑵所示。

⑷空竹随着惯性作用，脱离左手绳，飞向右方，如图 2–17⑶所示。

⑸右手拉直抖绳，让空竹落于绳上，如图 2–17⑷所示。

⑹空竹落于绳上后，按⑶～⑸的操作进行，使空竹在左手臂来回跳转三圈，左手臂退出。

⑺左手臂做完后，按上面的操作做右臂。

五、腿膀弹跳法

⑴启动空竹后加速。

⑵空竹转速升高后解扣，并使空竹垂于下方。

⑶两竿前伸，右腿由后向前伸进绳套之中，右腿向前伸直，右前臂屈起，竿头朝向身体，抖绳位于右大臂左侧，如图 2–18⑴所示。

⑷左手向上拉起空竹，空竹的高度应高于右大臂的上方，如图 2–18⑵所示。

（1）右腿伸入　（2）拉起空竹　（3）飞到右绳　（4）溜到下边

图 2–18　腿膀弹跳法

⑸左手向上拉直，空竹离绳从右大臂的上边飞到右手抖绳上，如图2–18⑶所示。

⑹空竹顺着右手绳下溜到右腿下边，如图 2–18⑷所示。然后按⑷的操作，使空竹往复地在右臂上、右腿的下边运转三圈，然后右腿退出复原。

第六节 擦铃与摇摆

擦铃与摇摆是双轮空竹技法中最具特色的内容。2007 年中央电视台春节晚会上的俏花旦，就是擦铃技法的典型代表；摇摆则是利用抖竿搭绳将空竹向左右方向摆去的一种技巧。

一、擦铃

所谓擦铃，就是通过转身，用抖绳与空竹轴的摩擦力来提高空竹转速。它的操作方法是：

⑴启动空竹，采用上下加速法提高空竹转速。

⑵空竹转速升高后，右腿向前上一步，交在左腿的前面，身体向右扭。右手放低，左手抬高，置空竹于右腿的右侧，如图 2–19⑴所示。

（1）调位　（2）拉起　（3）转身　（4）收住

图 2–19　擦铃

⑶然后左腿向前上一步，同时右手向上、左手向下将空竹拉起，身体向右转动，如图 2-19⑵、⑶所示。

⑷随着空竹向上升高，身体继续旋转，当身体旋转将近 360° 时，右手放低，左手上举，两手拉直抖绳，使抖绳快速地与空竹轴相摩擦，如图 2-19⑷所示。

⑸重复⑶和⑷的操作，当连续转身达到三次后，收住空竹复原。

二、摇摆

摇摆的关键就是要使抖绳搭到抖竿上，然后再用抖竿将空竹向上摆去。其操作方法是：

⑴启动空竹并加速。

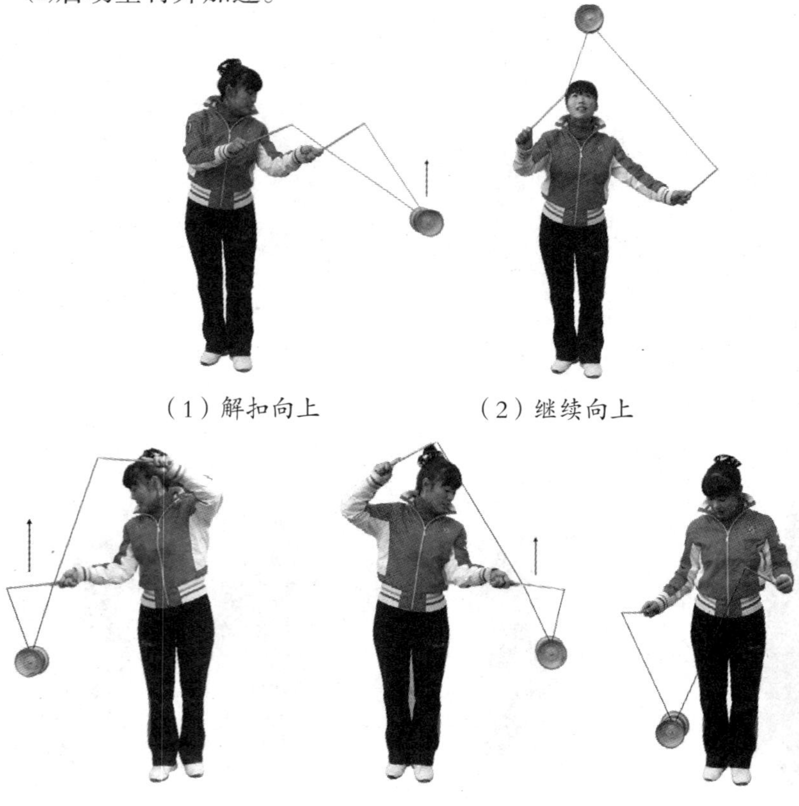

（1）解扣向上　（2）继续向上

（3）右搭竿向上　（4）左搭竿向上　（5）复原

图 2-20　摇摆

⑵当空竹由右向左侧运行时，随即解扣，两手带着空竹在身体的左侧由下向上，如图 2-20⑴、⑵所示。

⑶空竹到达身体右侧由上向下时，右手竿横着向前伸直，使抖绳搭在右手竿上，如图 2-20⑶所示。

⑷抖绳搭到竿上后，右手竿挑着抖绳向上，使空竹在身前运转一圈。

⑸空竹再次运行到身体左侧时，左手竿横着向前伸直，使抖绳搭到左手竿上，如图 2-20⑷所示。

⑹然后左手竿挑着抖绳向上返回，经身体右侧回到身体前方复原，如图 2-20⑸所示。

第七节　活扣法

活扣法也称魔术扣，是双轮空竹技法中应用最多、变化最多的一种基本技巧，表现了双轮空竹技法的多样性、奇巧性和迷人性。

一、右手活扣法

⑴启动空竹后加扣做平抖。

（1）摇转一周　（2）绳搭竿上　（3）摇转一圈　（4）抛起

图 2-21　右手活扣法

⑵当空竹由上向下时，右手按顺时针方向从空竹的右边由上向下摇转一周，如图 2–21⑴所示。

⑶右手竿通过空竹的下边向上，竿头向前，使抖竿与抖绳相接触，如图 2–21⑵所示。右腿后撤并交于左腿后边。

⑷右手摇动抖竿，带动空竹按顺时针方向摇转一圈，如图 2–21⑶所示。

⑸空竹到达下方后，右手向上将空竹抛起，脱绳，如图 2–21⑷所示。

⑹左手竿向下，右手竿上举，接住下落的空竹。

二、左手活扣法

左手活扣一般与右手活扣连在一起来做。其操作方法是：

（1）调于左侧　（2）回到右侧　（3）由右向左

（4）左竿挑绳　（5）摇转一圈　（6）抛起

图 2–22　左手活扣法

⑴右手活扣做到⑹接住空竹时，右腿后撤一步，身体向左扭，并顺势将空竹送到身体的左侧下边，如图 2–22 ⑴所示。

⑵左手竿由上向下按压抖竿，右手向右拉动空竹，空竹由左向右，如图 2–22 ⑵所示。

⑶左手竿由左向右，带动空竹从左竿上边由右向左，如图 2–22 ⑶所示。左手竿向前伸平，空竹向下，使左手竿与抖绳接触，如图 2–22 ⑷所示。

⑷左手摇动抖竿，带动空竹按逆时针方向摇转一圈，如图 2–22 ⑸所示。

⑸左手向上将空竹抛起，脱绳，如图 2–22 ⑹所示。

⑹左手竿向下，右手竿上举，接住下落的空竹复原。

第三章 双轮空竹的常用技法

在这一章中，我们来学习双轮空竹的常用技法，这些技法是各种花样技巧的组合技法。这些技法学好后，就可以自由地进行套路组合。

第一节　捞月法

捞月法就是将空竹脱绳，再用抖绳去接住空竹。这是一个比较简单的动作，学好捞月法至关重要，特别是在做套路动作时，如果空竹失控脱绳，这样就可通过捞月将其“捞”住，所以一定要学好。

在捞月法中，主要有正捞月、倒捞月和左右捞月之分，不论哪种捞月法，必须把抖绳拉直，眼、竿头和空竹轴三点在一条直线上时才能捞住，这点一定要注意。

一、正捞月

正捞月也称为右捞月。其操作方法是：

⑴启动空竹做加速动作。

⑵抖绳解扣后身体左转 90°，使空竹轴与身体平行，如图 3–1⑴所示。这时应保证左手竿绳在外，右手竿绳在里。

⑶右手向上，左手向下将空竹提起脱绳，如图 3–1⑵所示。

（1）垂下　（2）提起脱绳　（3）拉直抖绳　（4）收住空竹

图 3–1　正捞月

⑷左手竿由后向上，右手竿由前向下移动，使绳子上下拉直。当空竹开始下落时，右手竿也随着空竹同时下移，如图 3–1⑶所示。

⑸空竹下落到膝盖高度时将空竹捞住，如图 3–1⑷所示。

二、左右捞月

左右捞月是在正捞月的基础上，左手、右手交替进行的一种捞月动作，它主要锻炼两手的协调和配合。

⑴按上边介绍的正捞月方法将空竹拉起，如图 3–2⑴所示。

⑵右手竿上举，左手竿头向前伸去，经空竹上边向下去套住空竹，如图 3–2⑵所示。

⑶如图 3–2⑶所示，左手捞住空竹后，再向上拉起空竹，待空竹下落时，可按正捞月的方法捞住空竹。

⑷重复⑵、⑶操作方法，左右交替地将空竹拉起，脱绳，然后右手、左手将空竹捞住。

（1）拉起　　（2）左手前伸　　（3）收住

图 3-2　左右捞月

第二节　上竿法

上竿法，就是使空竹在抖竿的上边某点进行旋转或进行其他招式的一种技法，这是练习空竹上竿后保持平衡的最佳方法。

一、左右上竿法

这种方法就是将空竹脱绳后直接让其落到左竿或右竿上。这种方法易学易做，是做好上竿技巧的基本方法。在做上竿动作时要注意，抖竿直径应为空竹轴间距的 2/3，竿径过大，空竹上到竿上后易歪斜落下。其操作方法是：

⑴启动空竹后做加速动作，转速升高后解扣，并使空竹垂于身前下方，如图 3-3 ⑴所示。

⑵右手向上将空竹拉起，左手竿头朝向右方，使空竹落到左手竿上，如图 3-3 ⑵所示。

（1）解扣垂下　（2）落到左竿　（3）上到右竿　（4）右臂后摆

图 3-3　左右上竿法

⑶空竹在左手竿上旋转 3 秒左右后，左手竿头向下，右手竿挑着抖绳，空竹顺竿滑到绳上垂下。

⑷左手向上将空竹拉起，脱绳，右手竿横于身前，并使竿头朝向左上方接住下落的空竹，左腿交叉放于右腿后，如图 3-3⑶所示。

⑸空竹上竿后，右手臂借势向右摆动，竿头逐渐向下，左腿后撤交于右腿后边，如图 3-3⑷所示。

⑹空竹顺竿滑到绳上垂下，复原。

二、上手

空竹上手，是上竿技巧的一种变形技法。它是空竹脱绳后，将手掌立起，让空竹落于手指之上或手指之间进行旋转。其操作方法是：

⑴启动空竹并加速，转速升高后解扣，并使空竹垂于身前，如图 3-4⑴所示。

⑵右手向上将空竹拉起脱绳，右手竿递到左手，右腿后撤交于左腿后面，如图 3-4⑵所示。

⑶右手臂横于胸前，手心向前，大拇指向下，让空竹落于小指和手掌的交接处，如图 3-4⑶所示。

（1）解扣垂下　（2）向上抛起　（3）落于掌上

（4）落于虎口　（5）落于指间　（6）抛起

图 3–4　上手

⑷空竹在掌上旋转 3 秒左右后，手臂向上，将空竹向上抛起，身体右转 90°，手心向前，大拇指向上，使空竹落于虎口之上，如图 3–4⑷所示。

⑸空竹在掌上旋转 3 秒左右后，手臂向上抛起空竹，身体左转 90°，重新让空竹落于小指与手掌的交接处，随即上抛，手指向上，手心朝前，让空竹落于食指与中指之间，如图 3–4⑸所示。

⑹然后手臂向上抛起空竹，如图 3–4⑹所示，右手接竿向右拉直抖绳，空竹落于绳上垂下。

第三节　跳跃法

跳跃法是通过左右手轮流上提的技术手法，使空竹在两绳之间跳来跳去。其操作方法是：

⑴将空竹启动并抖转。待空竹运转平稳后，调整空竹轴与身体平行。

⑵右手抖竿垂直向上将空竹拉起于身体右前方 500 毫米。

⑶在右手将空竹拉起的同时，右手竿沿左肩绕过头顶将绳子落于膝盖窝处，并使两竿头相向与肩同宽，如图 3–5⑴所示。

⑷两竿前伸将抖绳拉直，使弹起的空竹自由地落于右绳上，如图 3–5⑵所示。待空竹落于右绳后，右手将空竹向上带起，如图 3–5⑶所示。

⑸左手绳向前，使弹起的空竹落于左手绳上，如图 3–5⑷所示。

⑹左、右手交替向上抖动，使空竹在两绳之间跳来跳去。结束时，或左手或右手向上将空竹提起脱线，做捞月收住空竹。

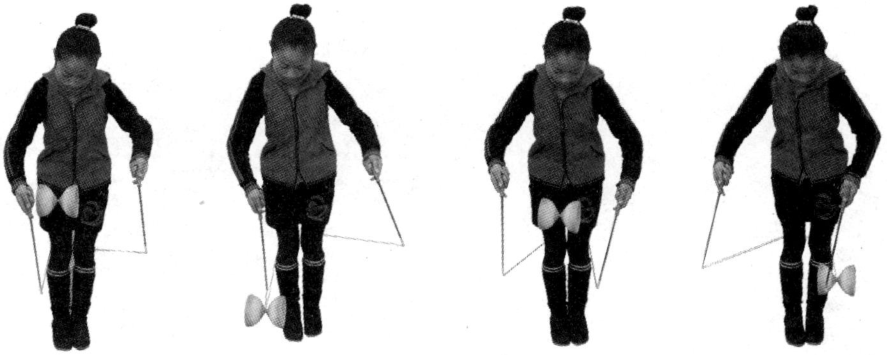

（1）弹起并调绳　（2）落于右绳　（3）空竹弹起　（4）落于左绳

图 3–5　跳跃法

第四节　跨绳法

跨绳法就是两腿直接从抖绳上跨过。这在双轮空竹花样技巧中经常运用到。跨绳的最大特点就是抖绳的绳位不动，而是身体的位置发生了改变。

在跨绳招式中，主要有左跨绳法、右跨绳法。其操作方法是：

一、左跨绳法

左跨绳法就是空竹在身体左侧，两腿从抖绳的一侧跨到另一侧。

⑴启动空竹，并使其转速提高。

⑵解扣后，左手竿向左伸，右手竿头放低，形成左高右低的态势，使抖绳基本成为钝角状，空竹在角的顶点处旋转，并置于身体左侧，如图 3–6 ⑴所示。

⑶如图 3–6 ⑵所示，右腿、左腿分别从绳上跳过，前脚掌先落地。

（1）解开绳扣　（2）跨绳　（3）跨过转体　（4）捞住

图 3–6　左跨绳法

⑷左手向上将空竹弹起，如图 3–6⑶所示。

⑸左手过顶向前，右手将空竹捞住，如图 3–6⑷所示。

二、右跨绳法

右跨绳法就是空竹在身体右侧，双腿从抖绳的一侧跨到另一侧。它与左双跨法的不同点就是左跨抖绳是打开的，右跨抖绳是相交的。其操作方法是：

⑴启动空竹后抖转空竹，使其在低速下运转。

⑵空竹运转平稳后，左手竿头指向地面，右手向右抖动空竹，调空竹于身体右侧，如图 3–7⑴所示。

⑶左腿、右腿先后从绳上跨过，如图 3–7⑵所示。

⑷两腿跨过后，抖绳在身后与身体平行，并且右手用力抖动空竹，使空竹转速提高。

⑸右手向上，并使右手绳从空竹轴上解下，空竹弹起向上，如图 3–7⑶所示。

⑹右手过顶向前，收住下落的空竹，如图 3–7⑷所示。

（1）调于右侧　（2）双脚跨过　（3）脱绳弹起　（4）收住

图 3–7　右跨绳法

第五节　猫跳法

猫跳法就是弯着腰跳绳的一种技巧，是双轮技法中的一大特色。其操作方法是：

⑴启动空竹后加速。待空竹转速提高后解扣垂下，如图 3–8⑴所示。

⑵解扣后使空竹处于右手竿头 500 毫米处，双手向上将空竹抛起，如图 3–8⑵所示。

⑶空竹抛起后，上身向下弯曲，右腿和左腿先后跳起，两手由上向下抡动抖竿，使抖绳从脚下通过向后，如图 3–8⑶所示。

⑷两手由后过顶向前，接住下落的空竹，上身挺起，如图 3–8⑷所示。

⑸动作熟练后，可做连续跳起。

（1）解扣垂下

（2）抛起

（3）跳起

（4）接住

图 3–8　猫跳法

第六节　跳绳法

所谓跳绳法，就是人在原地的空间位置向上起跳，让抖绳由身前或身后从腿下通过的一种技法，这种技法难度较高。常见的技法有正跳绳、后跳绳之分。

一、正跳绳

⑴启动空竹做匀速运转。

⑵向左转体 90° ，使抖绳呈交叉状，并将空竹转速提高。

⑶双手同时将空竹向身体的正前方送出，如图 3–9 ⑴所示。

（1）前送　（2）跳起

（3）向后　（4）过顶

图 3–9　正跳绳

⑷两手向后用力，将空竹向后拉动，同时两腿向上跳起，使空竹从两脚下通过向后，如图 3–9⑵、⑶所示。

⑸两手从下向上，并由后向前划弧，使空竹在抖绳的牵引下沿圆形轨迹从头顶上部划过，如图 3–9⑷所示。

⑹待空竹下落时，身体向左转，并按正常抖空竹的动作抖动空竹。

二、后跳绳

这个招式与平抖正跳绳相反，且难度较大。后跳绳有直跳法和交叉跳法两种形式，其基本要领分别是：

1. 后直跳法

⑴启动空竹并使空竹转速升高。

⑵两手用力将空竹向正前方送出，如图 3–10⑴所示。

⑶右手用力将空竹从身前拉起，并从头顶上方划向身后，如图 3–10⑵所示。

⑷当空竹到达身后下方时，右腿和左腿先后跳起，空竹从下方向前通过，如图 3–10⑶、⑷所示。

（1）向前送出

（2）过顶向后　（3）双腿跳起　（4）跳起　（5）回身前

图 3–10　后直跳法

(5)身体左转，使空竹垂于身前，如图 3-10(5)所示。

2. 后交叉跳法

(1)启动空竹并使空竹转速提高。

(2)两手向前将空竹送出，同时身体向右转 180°，在转身的同时，左手竿向右，右手竿向左，两臂呈交叉状，并且右手臂位于左手臂之上，如图 3-11(1)所示。

(3)两臂交叉于胸前，两手由下向上将空竹拉起过顶于身后，如图 3-11(2)所示。

(4)随着空竹在身后下落，右腿、左腿先后跳起，如图 3-11(3)所示。

(5)两腿跳起的同时，空竹由后向前从两脚下面通过，如图 3-11(4)所示。

(6)两腿落地，空竹置于身体正前方，复原。

（1）两臂相交

（2）过顶于后

（3）跳起

（4）过腿向前

图 3-11　后交叉跳法

第七节　背挑法

背挑法就是将在抖绳上旋转的空竹，从身体的背后向左和向右挑出，然后再用抖绳捞住空竹的一种技巧。

其操作方法是：

⑴启动空竹并加速，待空竹转速升高后解扣。

⑵右手向上将空竹提起脱绳，然后右手绳迅速从空竹的右侧挂住空

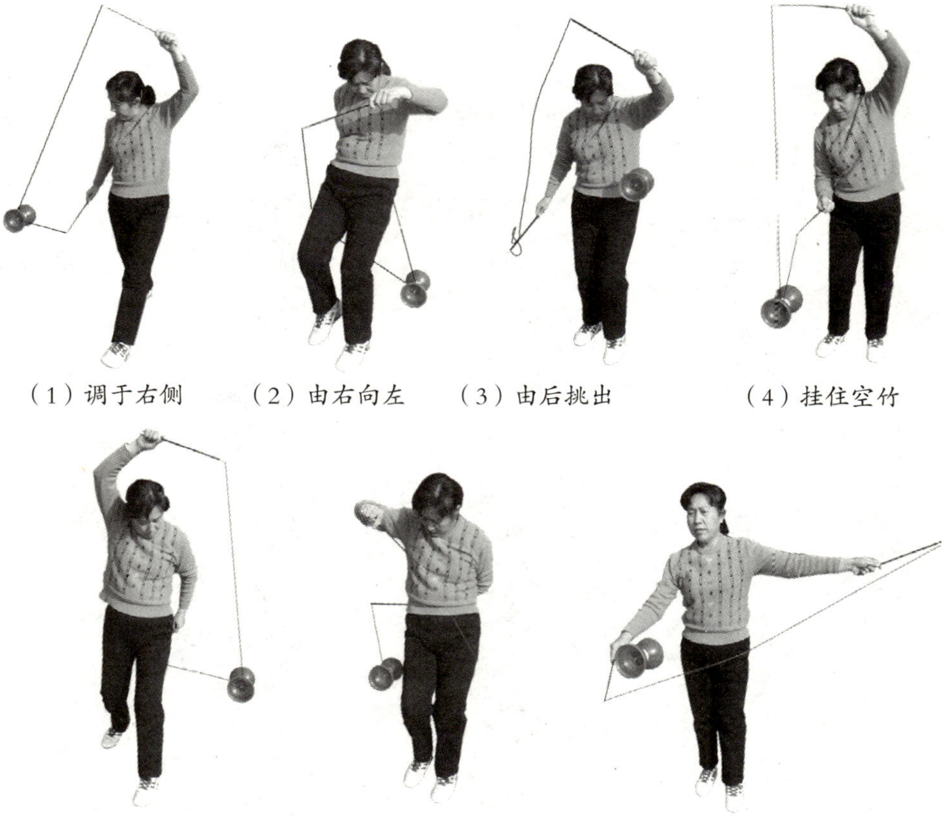

（1）调于右侧　（2）由右向左　（3）由后挑出　（4）挂住空竹

（5）翻于左侧　（6）由左向右　（7）挑出收住

图 3–12　背挑法

竹，左腿向前跨一步，使空竹处在身体右后侧，左手竿高举过顶，如图3–12⑴所示。

⑶右手带着空竹由右向左，右臂横于身后，掌心向上，将空竹置于身体左侧，如图 3–12⑵所示。

⑷右手手腕向上将空竹从后向前挑出，右手迅速从体后向前，如图3–12⑶所示。

⑸右手绳从空竹右侧挂住空竹绕轴一周，如图 3–12⑷所示。

⑹左手由上向下拉动空竹，右手随之由上向下，使空竹处于身体左侧，如图 3–12⑸所示。

⑺右手竿高举，左手臂在身后由左向右摆动，带动空竹向右运行，如图 3–12⑹所示。

⑻左手手腕向上将空竹挑到身体前边，左手由后向前，右手竿下落并拉紧抖绳，接住下落的空竹，如图 3–12⑺所示。

⑼重复⑵～⑻的操作。

第八节　背穿法

背穿法是一种高难技巧，在有的地方也称背窜。空竹在身后沿绳由右向左运行，到了身前由左向右脱绳飞移。下面介绍正背穿、转身背穿。

一、正背穿

⑴启动空竹后做加速动作。

⑵空竹转速升高后解扣，然后右手向上将空竹抛起，右手竿迅速过顶到身后，并向右拉直抖绳，让空竹落到绳上，如图 3–13⑴所示。

⑶空竹落到右手绳上后，右手抖绳带着空竹由右向左，左手竿向左伸，空竹处于身体左侧，如图 3–13⑵所示。

⑷当空竹到达身体左侧时，左手抖竿稍微前移，右手向右拉动抖绳，空竹离绳向右方飞行，如图 3–13⑶所示。

⑸空竹飞行到身前右侧后，右手抖竿向下，用竿子挡住空竹，如图 3–13⑷所示。受反作用力的影响，空竹沿抖绳再次滑向左手，如图 3–13⑸所示。

⑹重复上述动作。当空竹绕身转过三圈到达身体左侧后，右手过顶向前拉动空竹到身前，如图 3–13⑹所示。

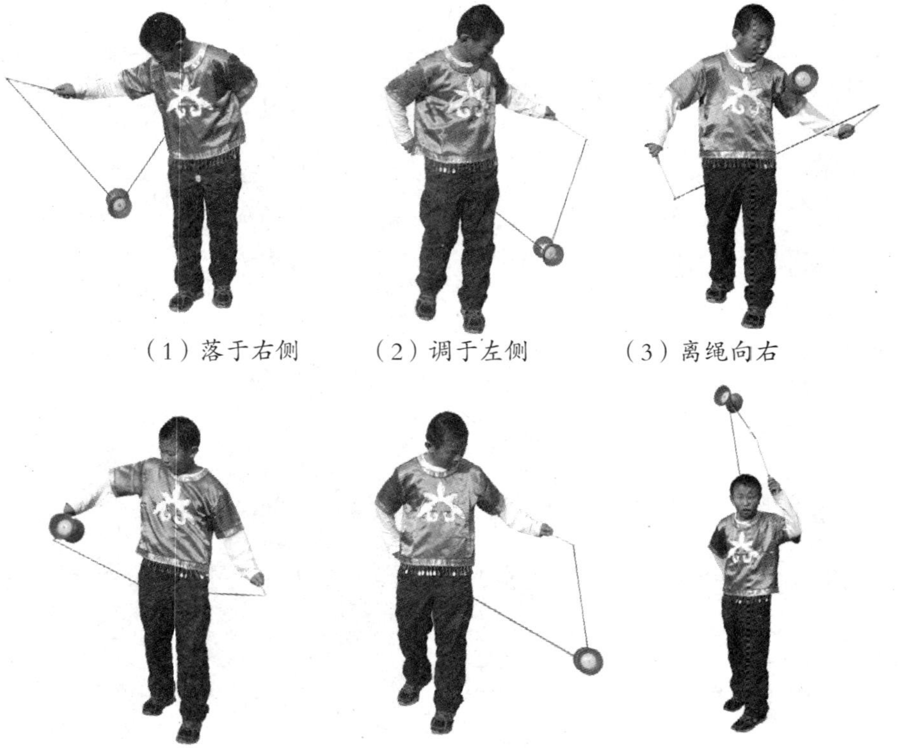

（1）落于右侧　（2）调于左侧　（3）离绳向右

（4）右竿挡住　（5）顺绳向左　（6）过顶向前

图 3–13　正背穿

二、转身背穿

这个动作是身体一直在左转的情况下完成的背穿动作。其操作方法是：

⑴启动空竹做加速动作，解扣后右手向上将空竹抛起，如图 3–14⑴所示。

（1）抛起　（2）落于绳上　（3）溜向左侧

（4）抛起落绳　（5）溜向左侧　（6）收住

图 3–14　转身背穿

⑵在空竹抛起的同时，右手臂过顶于身后，并向右拉直抖绳，让空竹落于绳上，如图 3–14⑵所示。

⑶右手向左，空竹顺绳溜到左侧，身体向左扭动，右脚向前一步，如图 3–14⑶所示。

⑷左手向上提起空竹脱绳，同时身体向左转 90°，右手向右拉伸抖绳接着下落的空竹，如图 3–14⑷所示。

⑸空竹落到右手绳上后，右手在背后向左移动，使空竹再次滑到左手竿端，如图 3–14⑸所示，然后重复⑶～⑸的操作。

⑹当连续完成转身三次后，左手向上将空竹提起，右手前伸收住空竹，如图 3–14⑹所示。

第九节　背翻法

背翻法是一种沿绳技巧。背翻法的主要线路，就是空竹在抖绳上从身后的右边向左边运行，手腕顺时针扭转，将抖绳挂到左前臂上，空竹处于左前臂的下方。背翻的操作方法是：

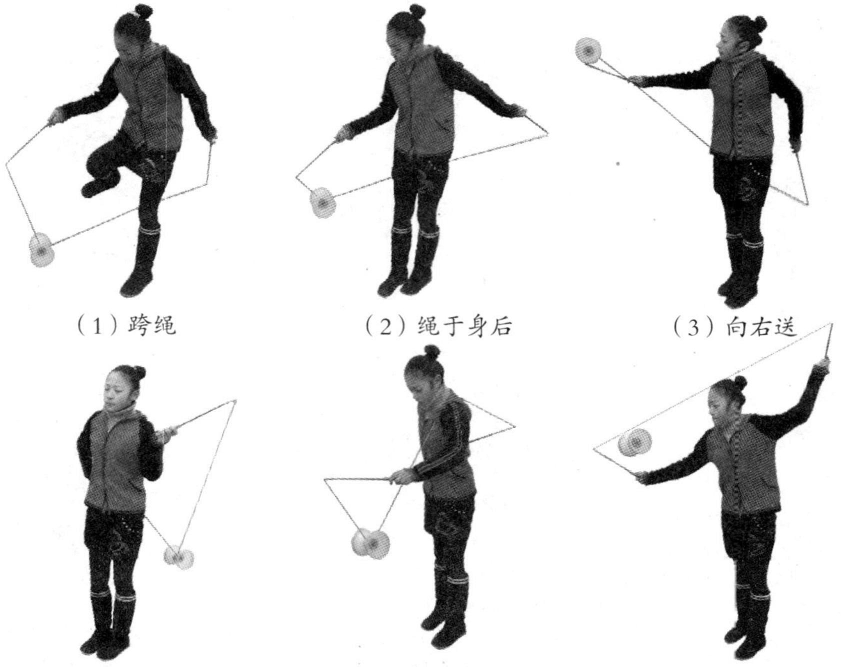

（1）跨绳　（2）绳于身后　（3）向右送

（4）调于左侧　（5）垂于下方　（6）弹起收住

图 3–15　背翻法

⑴启动空竹后做加速动作，并调空竹于身体右侧。

⑵左腿和右腿先后从绳上跨过，如图 3–15 ⑴所示。

⑶抖绳位于身后，右手向右拉动空竹，使空竹转速提高，如图 3–15 ⑵所示。

⑷空竹转速提高后，右手向右侧方送去，使空竹同绳的位置在手臂的前上方，如图 3–15 ⑶所示。

⑸左手和右手同时向身后左侧伸去，带动空竹到身后左侧，如图 3–15 ⑷所示。

⑹左手腕顺时针方向旋转，使空竹从左臂上翻过，空竹垂于右臂下方，如图 3–15 ⑸所示。

⑺左臂上抬，使空竹从绳上垂直弹起脱绳，右手做捞月收住空竹，如图 3–15 ⑹所示。

第十节　扑蝶法

扑蝶法通称扑蝴蝶，是双轮空竹中的表演技法，也是双轮技巧的基础技法。其操作方法是：

⑴启动空竹并做加速动作。

⑵右手抖绳解扣后将空竹向上抛起，高度不得超过头部。

⑶右手顺时针方向挂住空竹轴，左手上举至头部的左侧，使抖绳与水平面垂直，右脚抬起，置于左腿前面，如图 3–16 ⑴所示。

⑷右手向下按压抖绳，使空竹弹向身体左侧，如图 3–16 ⑵所示。

⑸左手回落，逆时针方向挂住空竹轴，右手上举至头部右侧，使抖绳垂直，如图 3–16 ⑶所示。

⑹左手向下按压抖绳，使空竹弹向身体右侧，如图 3-16⑷所示。

⑺右手拉直抖绳，接住下落的空竹。重复⑶～⑹的操作，使空竹从右到左、再从左向右来回运行。

在做这项技法时，如果空竹在身体右侧，则是右手竿向下按压；如果空竹在身体左侧，则是左手竿向下按压。这样空竹就在抖绳的弹力下向左或向右飞行。因为向下按压时将抖绳拉紧，有弹性。

（1）右手挂住　（2）脱绳向左　（3）左手挂住　（4）脱绳向右

图 3-16　扑蝶法

第十一节　骗马法

所谓骗马，就如骑士上马那样，腿从马背上跨过。在这里，也就是左右腿从空竹上边跨过。因做双轮骗马时空竹轴与身体垂直，所以收住空竹时难度较大，但只要大家掌握了基本的操作方法，勤学苦练，一定能掌握骗马这一技巧。骗马的基本操作方法是：

⑴启动空竹并加速。

⑵空竹转速升高后解扣，将空竹向上抛起，抛起的高度以不超过胸部为宜。

⑶左手向上举起，右手抖绳从空竹的右边挂住空竹，如图 3–17⑴所示。

⑷右手带着空竹垂于右腿下方，右腿上抬，并由左向右摆动，右手手腕在右腿下将空竹挑起脱绳，如图 3–17⑵所示。

（1）抛起　（2）骗右腿　（3）骗左腿　（4）接住抛起

（5）调于左下　（6）骗左腿　（7）骗右腿　（8）收住

图 3–17　骗马法

⑸空竹挑起后，右腿回落，两手拉直抖绳，接住下落的空竹后，再次将空竹抛起。右手抖绳再从空竹的右边挂住空竹并垂于左腿右侧下方，左腿上抬，并由左向右摆动，右手手腕在左腿下将空竹挑起脱绳，如图 3–17⑶所示。

⑹骗过左腿后，右手接住空竹后再次向上将空竹抛起脱绳，如图 3–17⑷所示。右手竿高举，左手抖绳从空竹的左侧挂住空竹垂于左腿

左侧下方，同时左腿上抬，如图 3–17 ⑸所示。

⑺左腿由右向左摆动，左手手腕向上将空竹挑起，如图 3–17 ⑹所示。

⑻接住空竹后右手再次将空竹抛起，左手抖绳从空竹的左侧挂住空竹，同时右腿上抬，左手带着空竹于右腿左侧下方，右腿由右向左摆动，左手手腕向上将空竹挑起，如图 3–17 ⑺所示。

⑼右手拉直抖绳，接住下落的空竹，如图 3–17 ⑻所示。

根据上边的操作方法可以看出，当空竹从右腿或左腿的右侧向左骗出时均是右手抖绳从空竹的右边挂住空竹，骗马时右腿或左腿均是由左向右摆动。当空竹从右腿或左腿的左侧向右骗出时均是左手抖绳从空竹的左边挂住空竹，骗马时右腿或左腿均是由右向左摆动。这一点记住了，也就掌握了骗马的方法和技巧。

第十二节 抛起法

抛起法也称高抛法，是双轮技巧中的常规技法。它不但可以单独完成，也是每个单项技法最终完成的一种手法。这个技法比较简单易学。下面介绍直接抛起法、前抛后接法。

一、直接抛起法

直接抛起法是各种抛起法的基础技法。其操作方法是：

⑴启动空竹后做加速动作，转速升高后解扣，使空竹垂于身前下方，如图 3–18 ⑴所示。

⑵两手向上，并向两边拉紧抖绳，空竹脱绳向上升起。

⑶右手竿子向上，左手竿子向下，形成左低右高的倾斜状，双手把抖绳拉直，如图 3–18 ⑵所示。

（1）解扣垂下　　（2）向上抛起　　（3）顺绳滑下

图 3-18　直接抛起法

⑷空竹落于右手抖绳上部并顺绳滑下，如图 3-18⑶所示，两竿放平复原。

在直接抛起法中，一般都是采用连抛的方法，也就是当第一次空竹落到抖绳上后，再一次一次地把空竹抛起、收住。

二、前抛后接法

前抛后接法是抛起法中的一种变形技法，它是从身前将空竹抛起，然后抖绳置于身后接住下落的空竹。这种技法比直接抛起法难度稍大。其操作方法是：

⑴启动空竹后做加速动作，转速提高后解扣并垂于身前下方。

⑵双手向上并向两边拉紧抖绳，如图 3-19⑴所示。空竹在抖绳的张力下弹起向上，如图 3-19⑵所示。

⑶左右两竿高举向上，竿头均向身后，并形成右高左低的倾斜状，使空竹落于抖绳上，如图 3-19⑶所示。

⑷空竹落到绳上后沿绳由右向左，到达身体左后侧，如图 3-19⑷所示。

⑸右手拉着空竹从身体左侧过顶到身前，如图 3-19⑸所示。

当技术熟练后，双臂向左右伸展拉紧抖绳，使空竹从身体左侧脱绳向上。左右两竿高举向上，竿头均向身后，并形成左高右低的倾斜状，使空竹落于抖绳上。空竹落到绳上后沿绳由左向右，左手拉着空竹从身体右侧过顶到身前复原。

（1）两臂外张　（2）空竹弹起

（3）落于绳上　（4）位于左侧　（5）回到身前

图 3-19　前抛后接法

第十三节　收势法

大家在看双轮空竹表演时，演员们的最后一个收势动作，会让你看得眼花缭乱。通过这节的学习，你就明白这种收势的奥秘所在，就会明白空竹为什么能从绳套中取下。这种技法通常也称“金蝉脱壳”。其操作方法是：

⑴在双轮套路完成时，使空竹垂于身前，抖绳为打开状。

⑵右手绳从左手竿外侧向上提，搭到左手竿后向下引，如图 3–20⑴所示。

⑶下引的抖绳从空竹的右侧通过主绳槽后，再从左手竿子右侧向上提，搭到左竿后再向下挂到空竹轴，如图 3–20⑵所示。

⑷右手绳子继续向上，并从左手竿右侧搭上后再向下，如图 3–20⑶所示。

（1）搭到左竿　（2）过轴　（3）搭竿向下　（4）过轴

（5）再次搭竿　（6）竿放轴下　（7）左手接竿　（8）取下空竹

图 3–20　收势法

⑸搭到左竿后，再向下引绳，从空竹右侧通过主绳槽后再经左竿右侧向上提，如图 3–20⑷所示。

⑹将向上的抖绳向前搭在左竿头处向下，如图 3–20⑸所示。

⑺将绳子引到下边后，再从空竹右侧绕过主绳槽后再次向上提绳，向上的绳子经左手竿外侧搭到左竿头处再向下，顺势将右手竿横在主绳槽的下边，如图 3–20⑹所示。

⑻在右手竿横在主绳槽之机，左手接过右手竿，形成空竹在两竿之间定位旋转，如图 3–20⑺所示。

⑼右手拿着空竹的发音轮，顺着左手竿向前，空竹脱下绳套，如图 3–20⑻所示。

第四章 平盘丝沿绳花样技巧

大家通过前面内容的学习，已经掌握了双轮空竹的基本技法。在这些基本技法的基础上，就可以创新出许多花样技巧。这些技巧具有一定的表演性和观赏性，并且线路清晰，结构简洁，运作自然，通畅易学，是将来练习套路动作的单元技法。所以必须掌握其线路的来龙去脉，熟练每个技法的手法与造型，才能运用自如。

第一节　蚂蚁上树

蚂蚁上树是最为传统的双轮花样技法。这种花样也最具吸引力，使人感到莫名其妙。现在我们就来看看这个花样技巧“妙”在哪里。

这里提醒大家一句，如果你使用的空竹是轴承式的，这个花样是不能完成的。只有用过去传统的空竹才能做此花样。其操作方法是：

⑴启动空竹后做加速动作，使空竹的转速升高。

⑵空竹转速升高后解扣，然后左手竿高举，右手竿由右向左把抖绳绕到空竹轴上向下拉紧抖绳，如图 4–1 ⑴所示。

⑶两手用力拉紧抖绳后，空竹沿绳由下向上转动升高，犹如蚂蚁在上树一般，如图 4–1 ⑵所示。

⑷空竹沿绳将要攀升到左手竿头处时，右手稍放松抖绳，空竹沿绳由上向下滑，如图 4–1⑶所示。

⑸空竹快到右手竿头时，右手向上抖动，空竹复原。

（1）向下压绳　　（2）沿绳向上　　（3）沿绳向下

图 4–1　蚂蚁上树

第二节　鹦鹉上架

鹦鹉上架是一种比较简单的花样技巧，但要做出高质量的动作来也不是那么容易，其关键就是抖绳在身前的表现不一样。具体操作方法是：

⑴启动空竹后，做圆周加速动作，提高空竹的转速。

⑵当空竹被盘到左下侧时，右手竿向上，左手竿向下，如图 4–2⑴所示。左腿向前方上一步，在没有解扣的情况下，左竿头顶在空竹轴上，如图 4–2⑵所示。

⑶退出时，左手稍微放松抖绳，空竹从上向下沿绳缓慢下落，如图 4–2⑶所示。

⑷空竹下落到身前下方时，右手带着空竹按顺时针方向由下向上，空竹到达身体右侧时，右竿竿头顶在空竹轴上，如图 4–2⑷所示。

⑸左手向左拉紧抖绳逐渐向下，右竿顶在空竹轴上不动，逐渐向上高举空竹，使抖绳与水平面垂直，同时左腿后撤交于右腿后边，如图 4–2 ⑸所示。

⑹停 3 秒后，左手稍放松抖绳，空竹沿绳向下，如图 4–2 ⑹所示。

⑺空竹快到左手竿头时，左手按逆时针方向拉动空竹，使空竹回到身体下方复原。

在做这个花样时，一定要使抖绳上下垂直，不要歪斜。

（1）左竿顶轴　（2）左上架　（3）落下

（4）右竿顶轴　（5）右上架　（6）落下

图 4–2　鹦鹉上架

第三节　织女纺棉

织女纺棉动作轻盈自如，右手竿摇动抖绳，犹如女子在纺棉花一般。所以该花样具有形真意切、造型优美之感。具体操作方法是：

⑴启动空竹后做加速动作。

⑵解扣后右手向上将空竹脱绳（但一定要低），右手抖绳并迅速从空竹的右边挂住空竹后垂下，如图 4–3⑴所示。

⑶左手向左侧移动，拉动空竹由下向上，如图 4–3⑵所示。

（1）挂住垂下　（2）向上拉起　（3）搭于左竿

（4）右竿伸入　（5）摇转　（6）抛起收住

图 4–3　织女纺棉

⑷空竹由上向下回落时，左手向前伸，使抖绳挂于左手竿上，如图4–3⑶所示。

⑸如图 4–3⑷所示，将右手竿横着向前穿进绳套中，按顺时针方向摇动抖竿按压右边抖绳，使空竹在绳套中升起或落下，如图 4–3⑸所示。

⑹退出时，抽出右竿，两臂交叉向上使空竹脱绳，然后右手向右伸展，接住下落的空竹复原，如图 4–3⑹所示。

第四节　怀中抱月

怀中抱月是将在身体前方的空竹盘起或盘下。因空竹是从身前向胸前飞来，所以称怀中抱月。现在来看“怀中抱月”花样技巧的做法：

⑴启动空竹后做加速动作，转速提升后解扣，同时右腿交于左腿前方，身体向左扭动45°，如图 4–4⑴所示。

（1）解扣垂下

（2）送向左边　（3）向上拉起　（4）入怀下落

图 4–4　怀中抱月

⑵在扭身的同时，两手随势将空竹送向身体前方，这时均无绳扣，如图 4–4⑵所示。

⑶两手拉动空竹由下向上，如图 4–4⑶所示。

⑷在两手的拉动下，空竹继续由右向左运行，这时右手基本保持不动，左手向前将抖绳绕过空竹，使空竹从两绳之间穿过，如图 4–4⑷所示。

⑸空竹入怀后垂于身前，左腿向前，身体向右扭转复位。

第五节 前后望月

前后望月是最为传统的抖空竹花样，展现出操作者娇柔的身姿，前后望月的神韵，把前后望月表现得淋漓尽致。在前后望月的花样技巧中，主要有两种表现形式：一是身前的花样（前望月），另一种是身后的花样（后望月）。现在请大家看一看这两种花样的做法。

一、前望月

⑴启动空竹并做加速动作，空竹到达身前左下边时解扣，如图 4–5⑴所示。

⑵左脚向前跨一步交于右腿的前边，使空竹位于身前的左下边，左手向上将空竹举至左侧上空，左竿竿头朝向右方，空竹在左竿的上边旋转，身体稍向右倾，头向左扭，看着空竹，如图 4–5⑵所示，这种花样称为左望月。

⑶待空竹在左竿上旋转 1 秒后，左手手腕向上，用竿子向左上方推着空竹下落，右腿撤回，空竹下落至身前下边，如图 4–5⑶所示。

⑷右手臂逐渐向上抬起，空竹靠在右手竿上旋转。左腿后撤至右腿

的后面与右腿相交，脚尖点地，身体稍向左倾，头向右扭，看着空竹。如图 4-5⑷所示，这种花样称为右望月。

⑸空竹在右手竿上旋转 1 秒时，右手缓慢下落，左腿向前收回，恢复原状。

（1）解扣　（2）左望月　（3）回落　（4）右望月

图 4-5　前望月

二、后望月

上边的前望月是在身前进行的。当前，还有一种身后的后望月，更是别有风趣，更具特色。其操作方法是：

（1）过顶到后　（2）左望月　（3）右望月　（4）过顶到前

图 4-6　后望月

⑴启动空竹做圆周加速，当空竹到达如图 4–6⑴位置时，右手向右拉动，左手竿过顶到身后。

⑵空竹从身体的右上方运行到身后，右手竿横于身后，左手竿上举，使上升的空竹靠在左手竿上旋转，眼看左前方，如图 4–6⑵所示。

⑶空竹在左竿上旋转 1 秒后，左手竿向下并横于身后，右手上抬，竿头朝上，使空竹靠在右手竿上旋转，右腿向前，交叉于左腿前面，如图 4–6⑶所示。

⑷空竹在竿上旋转 1 秒后，右手竿立起，推着空竹从上向下，经身后再次到达身后左侧，左手向上过顶到身前复原，右腿收回，两脚并拢，如图 4–6⑷所示。

第六节 脱竿飞旋

脱竿飞旋是双轮花样技巧中的一大特色，它既有神奇、巧妙之韵味，又具有恢弘、舒展之气质。在这种花样技巧中，经常看到的有身前回环式、背后回环式和转身回环式等。

一、身前回环式

⑴启动空竹后加速，待空竹转速升高后解扣。

⑵按上节前望月的操作方法做左望月，如图 4–7⑴所示。

⑶待空竹在左竿上旋转 1 秒后做右望月，如图 4–7⑵所示。

⑷待空竹在右竿上旋转 1 秒后，左手拉直抖绳，右手松开右手竿，空竹由上向下，如图 4–7⑶所示。

⑸左手按顺时针方向摇转，带动空竹在身前由下向上，如图 4–7⑷

所示。

⑹右手向上，等脱手的右手竿到达头顶上部时，接住抖竿手柄，如图 4–7⑸所示。

⑺空竹垂下，调好右手握竿的位置抖转空竹。

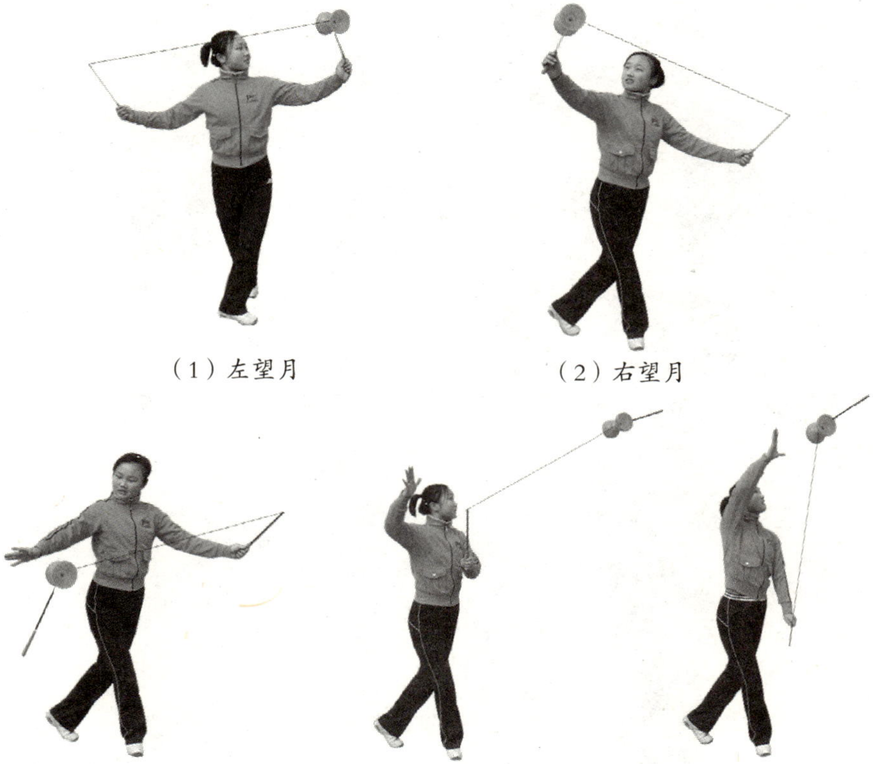

（1）左望月　（2）右望月

（3）脱竿　（4）拉起　（5）接竿

图 4–7　身前回环式

二、背后回环式

⑴启动空竹并进行加速解扣，然后做左望月和右望月，如图 4–8⑴、⑵所示。

⑵右臂回落，右手抖竿脱手送出，左手向上将空竹拉起，如图 4–8⑶所示。

⑶待空竹从下向上飞行到左上侧时，左脚和右脚各向前上一步，左

手高举抖竿，如图 4–8 ⑷所示。

⑷ 空竹由左向右继续运行，当到达身体右侧时，使空竹运行到身后。经旋转一圈后，空竹从左侧回到身前，这时左手竿向左伸展，右手接住抖竿，恢复原状，如图 4–8 ⑸所示。

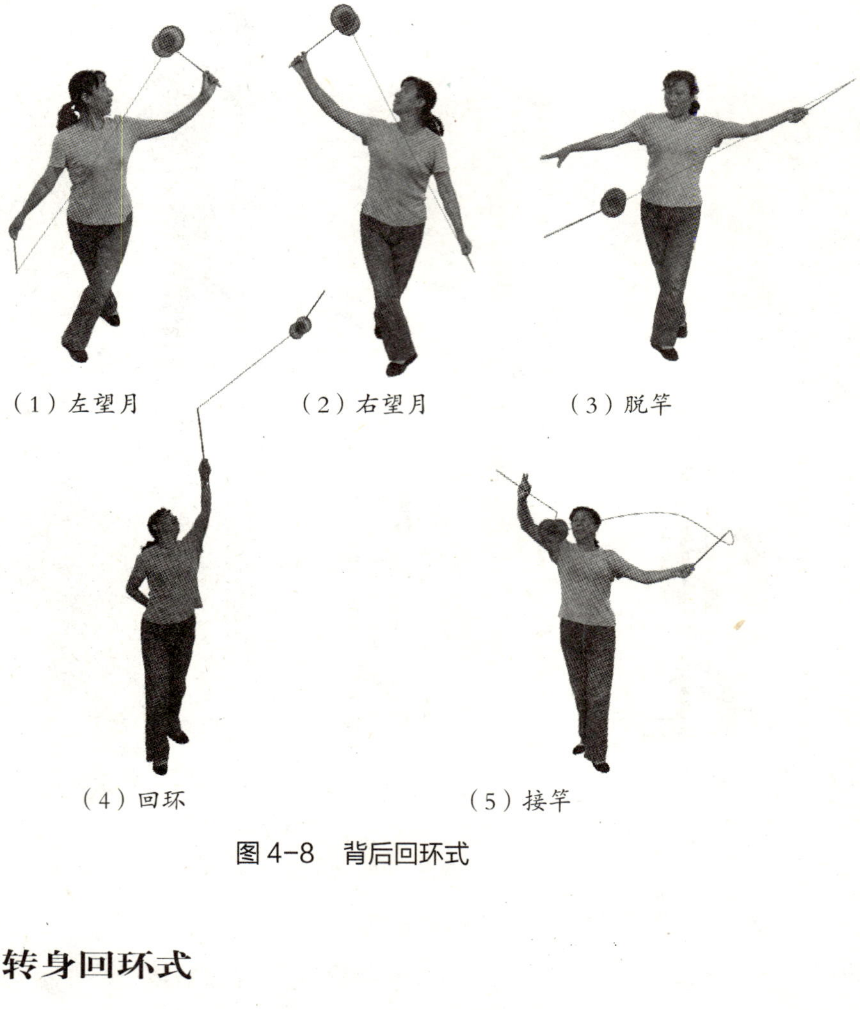

（1）左望月　（2）右望月　（3）脱竿

（4）回环　（5）接竿

图 4–8　背后回环式

三、转身回环式

⑴启动空竹并进行加速解扣，然后做左望月和右望月，如图 4–9 ⑴、⑵所示。

⑵右望月后右手松开抖竿，左手顺时针方向摇转抖竿，带动空竹在身前回环一圈半，如图 4–9 ⑶所示。

⑶当空竹到达左上方后，身体向左转动，带动空竹在身前回环一圈，如图 4-9 ⑷所示。

⑷身体向右转动 360° 后，空竹到达左上方，左手继续摇转，空竹飞向右方，右手接住抖竿，如图 4-6 ⑸所示。

⑸调整好右手握竿的位置，抖动空竹复原。

（1）左望月　（2）右望月

（3）回环　（4）转身回环　（5）接竿

图 4-9　转身回环式

第七节　麻姑献寿

该花样名称取于晋代葛洪的《神仙传》中的神话故事。她那轻盈的体态，飘然的动作，逼真的造型，如麻姑在献寿一般。其操作方法是：

⑴启动空竹做加速动作。

⑵空竹运转平稳后将绳扣解开，左手和右手按顺时针方向做反盘丝。

⑶空竹运行到左侧时，右手竿调于左臂腋下，左手带动空竹向上，如图 4–10⑴所示。

⑷左手带着空竹向上时，左腿后撤并交于右腿后边，同时身体下蹲，把空竹带到身体右侧，如图 4–10⑵所示。

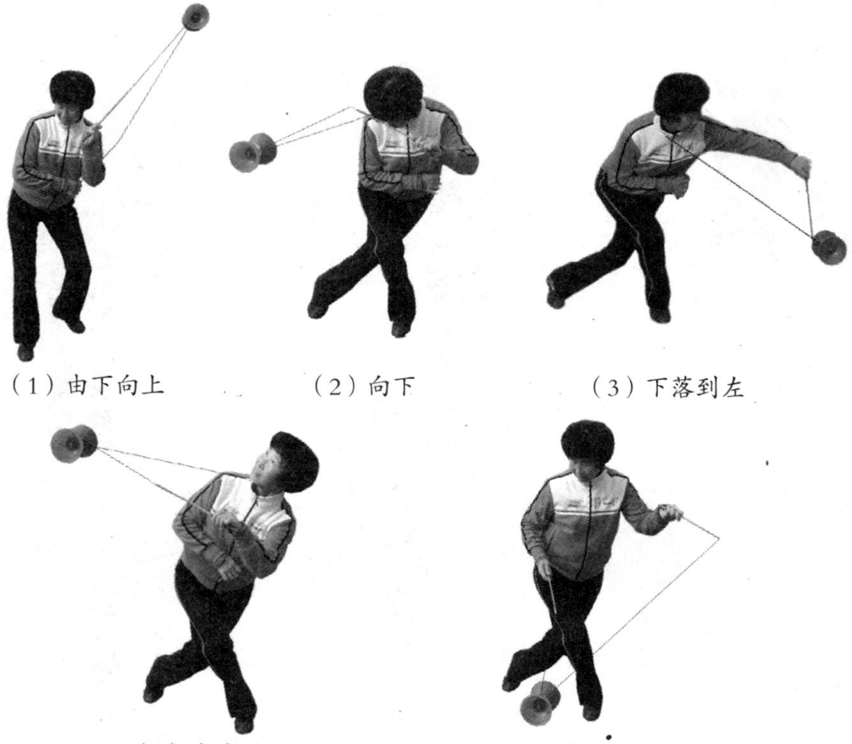

（1）由下向上　（2）向下　（3）下落到左　（4）由左返回　（5）复位

图 4–10　麻姑献寿

⑸空竹从上向下垂到身体左侧前下方，这时左手竿头向下，右手竿在左臂的下边，如图 4–10⑶所示。

⑹空竹略停一会儿，左手带着空竹向上返回，头向右扭，观看空竹，如图 4–10⑷所示。

⑺空竹继续向左运行，然后由上向下回到身前，如图 4–10⑸所示。

第八节 蝴蝶展翅

蝴蝶展翅动作，形如蝴蝶翅膀在空中一张一合，翩翩起舞一般。该动作轻柔舒展，具有形真意切之感。其操作方法是：

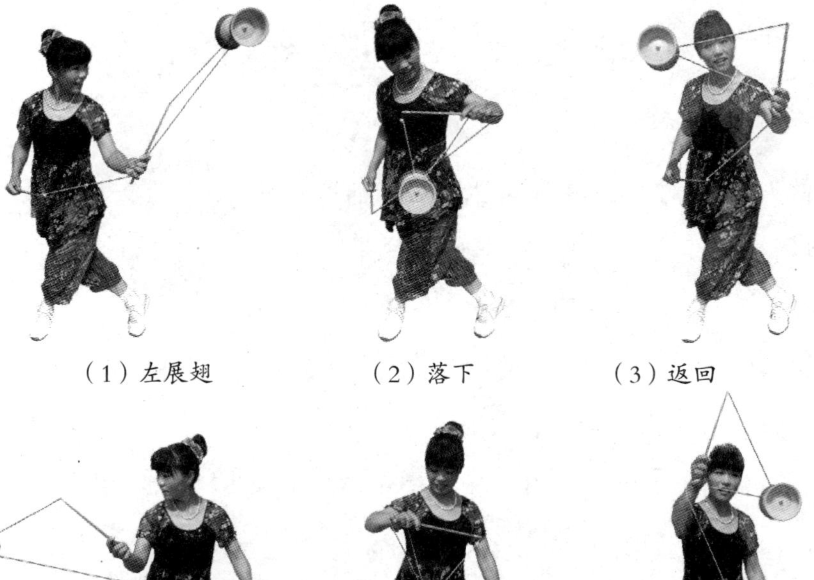

（1）左展翅　（2）落下　（3）返回

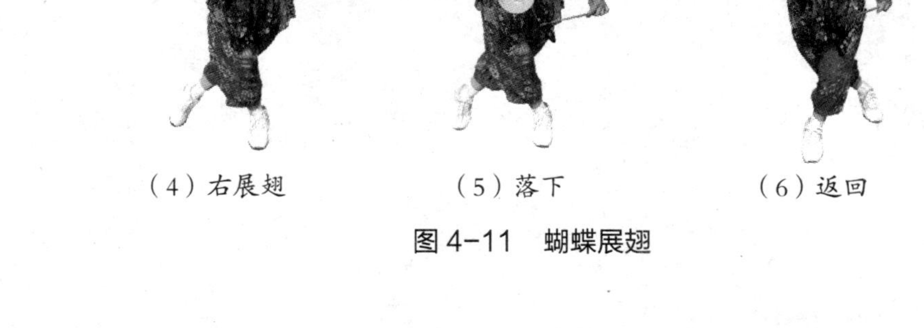

（4）右展翅　（5）落下　（6）返回

图 4–11　蝴蝶展翅

⑴启动空竹后，做加速动作，提高空竹的转速。

⑵待空竹转到左侧时左手向上将空竹拉起，右手绳在左臂的下面通过，左腿向前跨一步，与右腿相交于前，如图 4–11⑴所示。

⑶空竹继续下落，翻挂在左手臂上，如图 4–11⑵所示。

⑷空竹翻挂在左臂上达 1 秒后，左手臂向左翻转，空竹随即从下向上由原路翻起返回，如图 4–11⑶所示。

⑸空竹由右侧落下后，右腿向右平移一步，左腿向右撤一步交于右腿的后面。右手腕向左翻转，空竹由下向上，如图 4–11⑷所示。

⑹空竹由上向下翻挂在右臂上，如图 4–11⑸所示。达 1 秒后，左腿向前，右臂向右扭转，空竹如图 4–11⑹那样返回。

第九节 仙人打水

仙人打水，好比从井下取水，将水桶系在绳上，放下提上一般。该动作自然朴素，精巧优雅。其操作方法是：

⑴启动空竹做圆周加速动作。

⑵将空竹垂于下方，解开绳扣，右手提绳从左手竿的左侧向上，搭于左竿后再向下，如图 4–12⑴所示。

⑶右手抖绳继续向下引，到达空竹下部时，右手引绳从空竹的左边向右挂在轴上，如图 4–12⑵所示。

⑷右手提绳从左竿的右侧再向上引，搭到左竿后从左侧向下，如图 4–12⑶所示。

⑸右手抖绳拉到下边时，兜住抖轴，如图 4–12⑷所示，再从空竹的前面通过向上。

⑹右手抖绳到达上面后，将竿头向下放低，使搭在左手竿上的绳子从竿上滑脱，如图 4-12⑸所示。

⑺然后换到左手向上引绳，其方法同右手，仅把搭绳的方向调换就行了。请参看附带光盘上的内容。

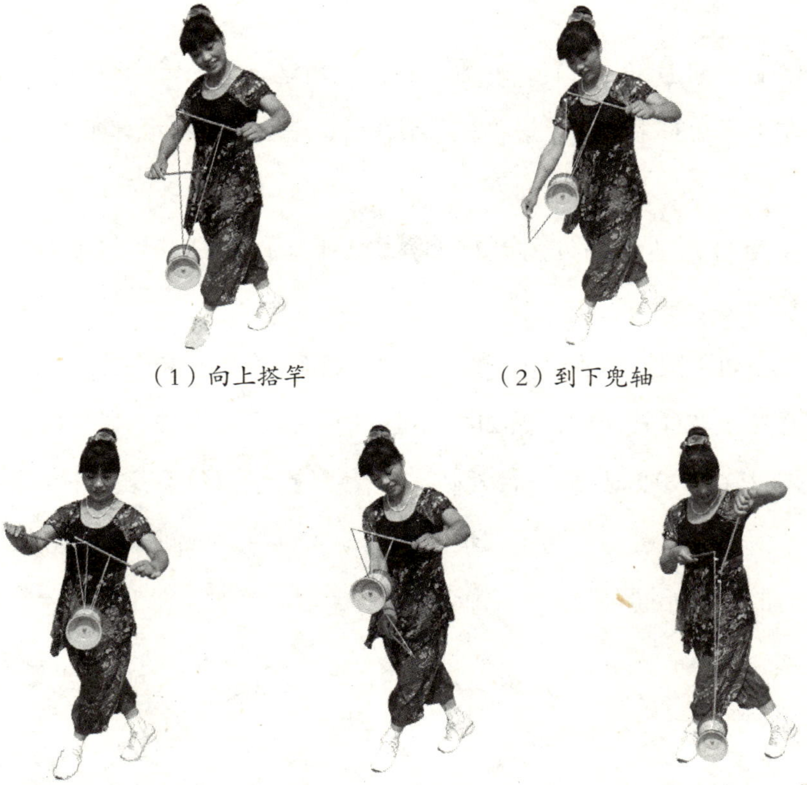

（1）向上搭竿　（2）到下兜轴

（3）向上搭竿　（4）到下兜轴　（5）滑脱

图 4-12　仙人打水

第十节　二龙戏珠

二龙戏珠是空竹在抖绳的牵引下一上一下，所以有的地方也称“上下翻飞”。在做这个动作时，大多数人都做成右手上下拉动，这样空竹不在抖绳的中间部位，所以这点一定要注意。其操作方法是：

⑴启动空竹并做加速动作。

⑵当空竹转速升高后解扣，两手抖竿的竿头均朝向空竹，左手按顺时针方向从空竹上方向下加一扣，调空竹在抖绳的中间后垂于下方，如图 4-13⑴所示。

⑶右手向上拉起空竹，左手随着向上，这时两手臂应向内交叉，并且是左手臂在右手臂的上边，右手竿在外，左手竿子在里，如图 4-13⑵所示。

⑷空竹到达最高处后开始回落，这时两手臂应向外拉开，如图 4-13⑶所示。

⑸空竹随势回落到身前，然后再按⑶和⑷的要求重复操作。

在这个花样技法中，做⑵加扣操作时，也可采用右手抖绳加扣的方法，但是在做⑶交叉动作时，则应为右手臂在里，左手臂在外。这要根据每个人的习惯去做。为了保证空竹不偏离抖绳的中间部位，应保证两手用力的大小相同。

（1）垂于下方　（2）空竹向上　（3）回落

图 4-13　二龙戏珠

第十一节　淑女抛球

淑女抛球是双轮空竹中特有的一种技法，好比淑女抛球订婚。该动作别致新颖，舒展利落，优美含蓄。其操作方法是：

⑴启动空竹并加速，转速升高后解扣，身体向左扭转 90°。

⑵左手竿横于身前，抖绳为打开状，空竹与身体平行。左手绳在后，右手抖绳在前。右手竿引绳向上，从左手竿的里侧搭到左手竿上向下，如图 4–14 ⑴所示。

⑶右手抖绳顺向绕过空竹轴绳槽再向上，如图 4–14 ⑵所示。到达

（1）搭竿　（2）过轴向上　（3）搭竿

（4）竿穿套中　（5）摇转　（6）抛出

图 4–14　淑女抛球

左手竿后，将右手抖绳从左竿的外侧搭在左竿后再次向下，如图 4–14 (3) 所示。

⑷ 空竹到达下方后，右手抖绳从空竹的里边绕过主绳槽后向上，并将右手竿头穿入左竿下方的绳套之内，如图 4–14 ⑷所示。

⑸两手同时按顺时针方向（从右侧看）摇动绳套两圈，如图 4–14 (5) 所示。

⑹摇动两圈后，右手竿从绳套中退出，并用力向前甩去，空竹在绳的带动下向前，如图 4–14 ⑹所示。

第十二节　仙人过桥

仙人过桥花样技巧是空竹沿绳滚动旋转的一种技法，这是掌握空竹平衡的最佳技巧。在当前双轮空竹技法中常有回环过桥和转身过桥。其操作方法是：

一、回环过桥

⑴启动空竹并加速。

（1）解扣　（2）举起　（3）沿绳到右　（4）回环

图 4–15　回环过桥

⑵空竹转速升高后解扣，然后左脚向左跨一步，如图 4–15 ⑴所示。

⑶左手逐渐向上，右脚向左脚靠拢，两竿向上，右手高于左手并拉直抖绳，使空竹从左手竿子处沿着抖绳向右边滚动，如图 4–15 ⑵所示。

⑷如图 4–15 ⑶所示，空竹滚到右手竿子处后，右手竿子放平前伸。

⑸这时两臂从上放下，空竹回到身前下方，如图 4–15 ⑷所示。

⑹然后重复上边的操作，空竹从左沿绳向右，好像仙人从桥上走过一般。

二、转身过桥

⑴启动空竹并加速，空竹运转平稳后解扣。

（1）上竿　（2）由左向右　（3）滚到右边

（4）抛起　（5）由左向右　（6）滚到右竿　（7）右臂放下

图 4–16　转身过桥

(2)在解扣时，空竹顺势向左，身体向左扭转 90°，左脚向左前方跨一步，这时左手抖绳从空竹右边的轴底下通过向左，右手抖绳从空竹轴上绕过解扣，使空竹处于左手竿上，如图 4-16(1)所示。

(3)右手向右拉直抖绳，左手举竿向上，身体扭回，左腿后撤交于右腿后面，如图 4-16(2)所示。

(4)当左手竿上举至比右手竿稍高时，空竹沿着抖绳从左边滚动到右竿，如图 4-16(3)所示。

(5)空竹到达右竿后，以右脚为支点向右转体 180°，右手向上将空竹抛起，脱绳，如图 4-16(4)所示。

(6)两手将抖绳拉紧，两竿竿头向上，右竿要高于左竿，接住下落的空竹，如图 4-16(5)所示。

(7)空竹落到绳上后，沿着抖绳从左滚动到右竿，如图 4-16(6)所示。这时右手竿带着空竹向下，身体向右转动，如图 4-16(7)所示。

(8)身体转正后，让空竹顺竿滑到抖绳上复原。

在做这项动作时，也有的身体继续向右转动，空竹顺竿滑到绳上后，调空竹于身后，转体一周后做交叉捞月，收住空竹后复原。

第十三节　织网捕鱼

织网捕鱼是一种象形的花样技巧，它既有形意逼真之感，又具轻松活泼之意，是比较易学的一种技法。其操作方法是：

(1)启动空竹后加速，转速升高后解扣，如图 4-17(1)所示。

(2)将空竹垂于身前下方，左手竿横于身前，右手向上，将抖绳从左手竿的右侧搭于左竿上，如图 4-17(2)所示。

(3)搭到左竿上后引绳向下，然后从左手抖绳的外侧向内绕绳，如图

4–17 (3)所示。

(4)引绳到下方时，再从空竹的左侧向上，如图 4–17 (4)所示。

（1）解扣　　（2）搭竿　　（3）下引

（4）搭竿　　（5）搭竿向下　　（6）滑脱

①搭竿　②绕线　③过轴向上　④滑脱

（7）右竿操作

图 4–17　织网捕鱼

(5)引绳到达左竿后，再从左竿的左侧搭到左竿上向下，如图 4–17 (5)所示。

(6)当引绳到达空竹下边时，使抖绳从空竹的右边过轴向左，同时左手竿头朝向下方，使搭在竿子上的抖绳从竿子上滑下复原，如图 4–17⑹所示。

⑺抖绳在左竿上搭过后，反过来再搭到右手竿上，其操作同上面相同，方向相反，如图 4–17⑺所示。

第十四节　跨腿摇铃

跨腿摇铃，轻盈活泼，舒展大方，别具特色。其操作方法是：

⑴启动空竹并加速，然后解扣。如图 4–18（1）所示。

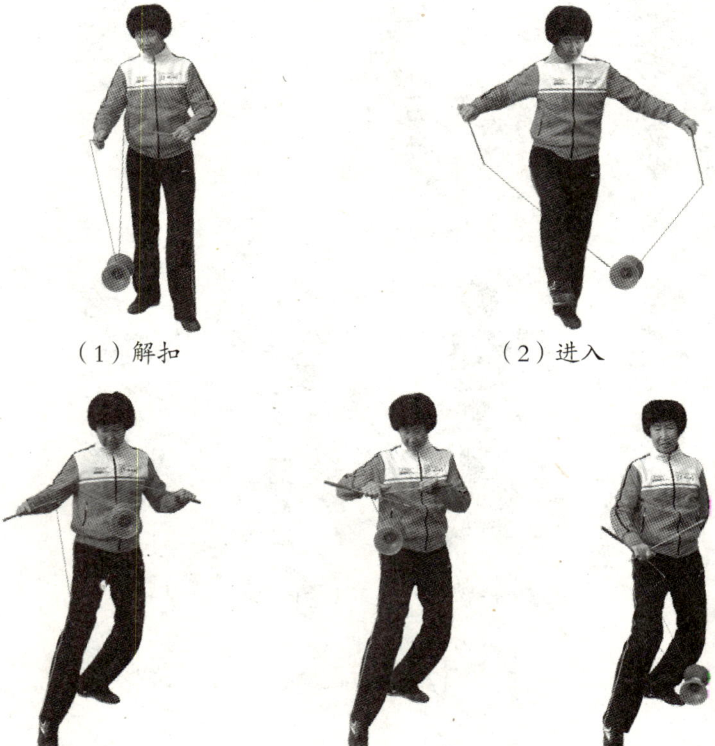

（1）解扣　（2）进入

（3）环腿弹跳　（4）接竿　（5）单手摇转

图 4–18　跨腿摇铃

⑵待空竹运行到右下方时，右腿抬起进入绳套之中，如图 4–18⑵所示。

⑶右腿进入绳套之中后，做环腿弹跳 2~3 圈，如图 4–18⑶所示。

⑷在做弹跳时，右手移至右竿的中部，待空竹旋转到上部时，左手竿递到右手中，如图 4–18⑷所示。

⑸右手接竿后，顺时针方向摇转抖竿两圈，如图 4–18⑸所示。

⑹把空竹摇到上部时，左手接竿，然后右腿退出绳套抖转空竹。如果动作熟练后，也可采用腿下脱竿的方式退出。

第十五节　定铃旋竿

定铃旋竿也是一种摇竿的花样技巧。它是将空竹定位在抖绳上的某个部位进行旋转，另一手脱竿进行摇转的一种技法。其操作方法是：

⑴启动空竹并做加速动作。

⑵当空竹运行到右下侧时，右手由右向左带动空竹由下向上，右竿

（1）松开左竿　（2）摇转　（3）抖绳搭竿

图 4–19　定铃旋竿

前伸，使右竿与抖绳相接触，这时左手松开抖竿，如图 4–19⑴所示。

⑶松开左竿后，右手竿挑着抖绳按逆时针方向摇转，这时抖竿在惯性作用下向外，空竹悬停于抖绳上进行旋转，如图 4–19⑵所示。

⑷摇转 7~8 圈后，右手停止摇动，抖绳顺势搭到右手竿上，如图 4–19⑶所示。

⑸抖绳搭到右竿后，再旋转一圈，当脱手的左竿旋到头顶上部时，左手上伸接住抖竿，然后解扣复原。

第十六节　腿下飞竿

腿下飞竿就是在腿下将竿脱手，旋转一周后再接住。这个花样难度较大。其操作方法是：

⑴启动空竹后做加速动作。

⑵空竹运转平稳后解扣，待空竹运行到右下方时，右腿伸进绳套之中，如图 4–20⑴所示。

⑶当右腿进入后，环腿单跳 2~3 圈，如图 4–20⑵所示。

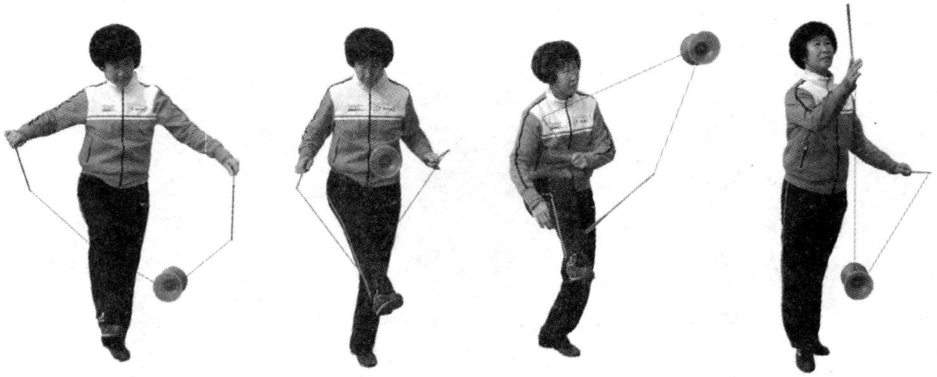

（1）右腿进入　（2）环腿弹跳　（3）右手松竿　（4）接住抖竿

图 4–20　腿下飞竿

⑷当空竹随绳到达右腿的左侧与腿相平时，右手松开抖竿，如图4-20⑶所示。

⑸抖竿松开后，左手向上将空竹拉起，空竹在身前飞旋一周，待竿柄飞到右上方下落时，右手接住抖竿，如图4-20⑷所示。

第十七节　金凤展翅

金凤展翅花样技巧，具有动作热情奔放、洒脱飘逸之特点，是从单轮的大鹏展翅移植而来。其操作方法是：

⑴启动空竹，并做圆周加速动作，使空竹转速升高。

（1）右手拉起　（2）调于身后　（3）搭于左竿

（4）右展翅　（5）左展翅　（6）回到身前

图4-21　金凤展翅

⑵待空竹到达身体左侧下方时，右手向上将空竹拉起，如图 4–21⑴所示。

⑶右手继续拉着空竹向右运行，左脚向前上一步，左手竿头过顶并向后，使抖绳调于身后，空竹位于身体右后侧，如图 4–21⑵所示。

⑷右手竿从身后向右移动，空竹顺绳到达身体右前，这时左手腕顺时针扭转，将抖绳搭于左前臂上，如图 4–21⑶所示。

⑸左手再逆时针方向扭转手腕，使空竹按原路返回。这时右手拉动空竹，左手臂横于身后，同时身体向右转动 180° ，空竹被拉起到身体右侧上方，如图 4–21⑷所示。

⑹右手回落，左手拉动空竹，同时身体向左转体 180° ，把空竹从右上方拉到身体左侧的上方，如图 4–21⑸所示。

⑺左手回落，右手拉动，同时身体向右转动 180° ，将空竹重新拉到身体右侧上方，然后再按照⑹的操作进行，使空竹连续从身体右上方拉到左上方。

⑻准备退出时，须将空竹从身体左上方拉到右下方，左手弯肘向前，右手过顶向前，如图 4–21⑹所示，恢复抖空竹状。

在做这个动作时，一方面要保证抖绳始终与空竹轴相平行；另一方面，如果向身体右上方拉动时，身体应向右转 180° ；如果是向左上方拉动时，则应向左转体 180° 。

第五章 平盘丝间接脱绳花样技巧

通过对平盘丝沿绳花样动作的学习，大家对平盘丝的基本技巧已经掌握。今天共同来学习新的花样技巧，这就是平盘丝中的间接脱绳花样技巧。

所谓间接脱绳，就是在做某个动作时为了连续不断地使该动作相互连贯进行的脱绳动作。这种脱绳的高度不是很高，多在 200 ~ 300 毫米，而且是均匀相等的间断性脱绳技法。

第一节 左右弹珠

这个花样技巧是练习左右提起空竹，然后再让空竹落到绳上的一个简单的花样技法。虽然看上去很简单，但是做起来还需要下些工夫。其操作方法是：

⑴启动空竹，做加速动作，提高空竹的转速。

⑵转速升高后解扣，将空竹垂于身体前下方。

⑶右手向上将空竹提起，右手迅速过顶于身后，如图 5-1 ⑴所示。

⑷右手过顶后，左右两手向两边拉直抖绳，于右侧接住下落的空竹，如图 5-1 ⑵所示。

⑸空竹落到绳上后，身体左扭，右手横于身后，左手拉动抖绳，空竹沿绳到达身体左侧，如图 5–1 ⑶所示。

⑹左手向上将空竹提起，空竹脱绳向上，如图 5–1 ⑷所示。右手迅速过顶向前，接住下落的空竹。

⑺接住空竹后，左手向上提绳将空竹脱出，右手过顶于身后接住下落的空竹。左手竿头朝向右侧，右手拉动空竹到身体右侧，左手向上提起空竹，右手过顶收住空竹。所以，这项操作与右手所做的操作相反。

（1）提起　（2）落于右绳　（3）滑到左侧　（4）左手提起

图 5–1　左右弹珠

第二节　天外云龙

天外云龙取名于大家所做悠悠球的动作，其动作简洁，易仿易学。其操作方法是：

⑴空竹启动后加速，然后解扣垂下，如图 5–2 ⑴所示。

⑵空竹垂下后，右手竿递到左手。右手食指和拇指捏住右边的垂直抖绳将绳拉开，如图 5–2 ⑵所示。

⑶绳套拉开后，左右手持平，拉紧抖绳，将空竹向上弹起，弹起的高度应超过头部，如图 5–2 ⑶所示。

⑷空竹向下落到拉直的抖绳上，如图 5-2⑷所示。

⑸然后再向上将空竹弹起超过头部，待空竹落到绳上后，再将空竹向上抛起，这时右手接竿，并用绳接住下落的空竹，如图 5-2⑸所示。

（1）解扣垂下

（2）拉开绳套

（3）弹起空竹

（4）落到绳上

（5）接住

图 5-2　天外云龙

第三节　松鼠跳枝

这个花样技巧是空竹在竿上跳来跳去，好像在树枝上跳跃一般。这是上竿技法的一种演变。其操作方法是：

⑴启动空竹后做加速动作，右手握在右竿的偏中部。

⑵当空竹转速升高后解扣，左脚向后撤一步，身体左扭，然后左手向左拉动，将空竹带到左侧，如图 5–3⑴所示。

⑶空竹到达左侧后，左手向右挑起空竹，右手顺势向前，竿头向上带着脱绳的空竹向右摆动，右脚向左前方跨一步，如图 5–3⑵所示。

⑷当右手把空竹带到右侧最高点时，将空竹离竿，右手腕向上扭，竿头朝向左上方，让空竹落到竿上，如图 5–3⑶所示。

⑸身体向后仰，空竹离竿向上，右手稍向左移，立即让空竹跳过右手落到右手竿的手柄端上，并随即再让空竹跳起，落到图 5–3⑷所示的位置上。

⑹当空竹在右竿上跳来跳去有三个回合后，使空竹跳起下落，如图 5–3⑸所示，右手向前托起空竹。

（1）调于左侧　（2）上竿后摆

（3）跳到左侧　（4）跳到右侧　（5）托起

图 5–3　松鼠跳枝

第四节 龙门摇铃

龙门就是现在洛阳的龙门。在很早很早以前，这里曾有《鲤鱼跳龙门》的神话故事，它鼓励人们要逆流而上，才能有所成就。

这里的龙门摇铃，就是取意于《鲤鱼跳龙门》的神话故事。说是鲤鱼在跳龙门时，众鲤鱼在摇铃呐喊，为其助威。这个花样有两种表现形式，一种是左手摇法，另一种是右手摇法。现在来看其花样技法。

一、左手摇法

⑴启动空竹并做加速动作，转速提高后解扣，空竹垂于下方。

⑵如图 5-4⑴那样，右手向上将空竹弹起，并迅速从空竹的右侧挂住空竹。

⑶挂住空竹后，右手竿头朝前，使左手抖绳搭到右手竿上，如图 5-4⑵所示，而左手竿直接穿入绳套中，如图 5-4⑶所示。

⑷将两竿竿头朝上，并向外撑紧抖绳，使之成为“凶”字形的“龙门”状，空竹在下面的抖绳上旋转，如图 5-4⑷所示。

⑸两手向上将空竹脱出绳套，如图 5-4⑸所示，待空竹下落时，双手上迎空竹，使空竹落于正上面的两绳交叉处。

⑹再次将空竹向上弹起脱绳，落下时则应根据摇转时的手去确定空竹的所落位置。由于该例是左手摇转，所以，让空竹落在右边的两绳交叉空间里，如图 5-4⑹所示。如为右手摇转时则相反。

⑺右手松开右手竿，让其靠在空竹轴边，左手竿前伸并按顺时针方向摇转空竹，如图 5-4⑺所示。

如果空竹进入左边的空间时，则是左手松竿，右手按逆时针方向摇转空竹。

⑻摇动两圈后，右手接住右手竿，如图 5–4 ⑻所示，并向外撑紧抖绳还原成龙门状，再向上将空竹弹起后落到最上边的两绳交叉处，两竿头低下，复原。

有的在做⑻时，还有另外一种做法。就是右手接竿后向上将空竹弹起离绳，然后做捞月收住空竹。

（1）脱绳　（2）搭到右竿　（3）左竿穿入　（4）向外撑紧

（5）弹起空竹　（6）进入右孔　（7）脱竿摇转　（8）接竿

图 5–4　左手摇法

二、右手摇法

⑴启动空竹后做加速动作。

⑵解扣后，右手向上将空竹弹起，右手迅速从空竹的右侧挂住空竹。

⑶挂住空竹后，右手竿头朝前，使左手抖绳搭到右手竿上，而左手竿直接穿入绳套中。将两竿竿头朝上，并向外撑紧抖绳，使之成为“凶”字形的“龙门”状，空竹在上面的抖绳交叉处旋转，如图 5–5⑴所示。

⑷空竹落到交叉处后，两竿向前放平，把右手竿递到左手中，然后右手接过双竿，拇指伸进右侧的竿绳结合处，如图 5–5⑵所示。

⑸将双竿头朝下，其余四指松开抖竿，稍向右侧摆动后，拇指带着空竹做顺时针方向旋转，如图 5–5⑶所示。

⑹摇上三圈后，伸开的四指重新握住双竿，拇指退出，所有挂在竿上的抖绳从竿上滑下，如图 5–5⑷所示。

⑺左手接竿复原。

（1）落于上边　（2）拇指进入　（3）顺时摇转　（4）握竿脱扣

图 5–5　右手摇法

第五节 拨草惊蛇

“打草惊蛇”这个成语，你知道它的来历吗？说是有个做官的王鲁，常常接受贿赂。一天，有人状告他的部下违法。王鲁一看状纸所写的各种罪状，都是自己平日的违法行为。他看状后，心里害怕，居然在状纸上写下了八个大字：“汝虽打草，吾已蛇惊。”后来就将其引申为“打草惊蛇”。

在这个花样中，形容两腿在草地上行走，为了防止蛇咬，用腿来“拨草”，所以又称“拨草惊蛇”一般。其操作方法是：

⑴启动空竹并做加速动作。

⑵空竹转速升高后解扣，两手稍向外将绳套打开，左腿进入绳套，如图 5–6⑴所示。

⑶左腿跨过抖绳后，左手向上将空竹脱绳，空竹从左腿上部飞向右侧，如图 5–6⑵所示。

⑷右手向前拉直抖绳，使空竹落于右边绳上，如图 5–6⑶所示。

⑸空竹落到右边绳上后，右腿向上抬起，左手竿横于身后，空竹顺绳过右腿溜向身后，如图 5–6⑷所示。

⑹右手向前拉动抖绳，空竹离绳，从右腿的右侧飞向前边，如图 5–6⑸所示，这时左手竿回到身前。

(7)右边绳接住空竹后左腿向上抬起，空竹从左腿下沿绳溜到如图 5–6⑴所示的左腿外侧，然后重复上边的操作，使空竹在左腿和右腿的上、下来回运行。

⑻当空竹在左腿和右腿上、下来回三次循环，而空竹再次从左腿外

侧提向右边时，右腿向前，调空竹于身后，如图 5-6⑹所示。

⑼当空竹沿绳到达身后左侧时，如图 5-6⑺所示，左手向上将空竹提起离绳，右手过顶向前收住空竹。

（1）左腿跨入　（2）提起向右　（3）落于右绳　（4）溜向身后

（5）从后向前　（6）右腿跨过　（7）溜到左边

图 5-6　拨草惊蛇

在这个花样技巧中，应注意两腿随着空竹的前后移位要进行摆腿。这点应特别注意，否则就不叫拨草惊蛇了。

第六节　肘上翻花

肘上翻花是环臂跳法的花样技法。这个花样是用左、右两臂来完成的。它具有线路清晰明了，动作悠闲欢欣之感。其操作方法是：

⑴启动空竹并加速。

⑵空竹转速提高后解扣，右手竿头朝向右方，右手臂进入到绳套中，左手向上将空竹提起，并使之从右臂上面飞到右边绳上，这时左手竿头朝上，左手臂也进入绳套之中，如图 5–7 ⑴所示。

（1）双肘进入　（2）溜到左上　（3）飞到右绳

（4）落到中间　（5）上到右上　（6）落到中间

图 5–7　肘上翻花

⑶两臂由右向左摆动，空竹从右臂的抖绳上沿绳溜到左臂的左上方，如图 5-7 ⑵所示。

⑷随着两臂的向右摆动，空竹离绳飞向右边，并落在右边绳上，如图 5-7 ⑶所示。

⑸落到右边绳上后，再按上边操作使空竹环臂运行一周。

⑹当空竹再次沿绳到左臂上方时，左臂稍向上抬，使空竹落在两臂之间的抖绳上，如图 5-7 ⑷所示。

⑺空竹落到绳上后，两臂同时按顺时针方向由左向右摆动，空竹沿绳到右臂上侧，如图 5-7 ⑸所示。

⑻右手臂稍向右摆，空竹离绳落到两臂之间的抖绳上，如图 5-7 ⑹所示。

⑼空竹落到绳上后，沿绳溜到如图 5-7 ⑵所示左臂上方，然后左臂稍向左摆，空竹再次落到图 5-7 ⑷所示的中间位置上。

⑽左手臂稍向上提，使空竹离绳飞到图 5-7 ⑸所示的右边绳上。

⑾空竹沿绳向下溜到抖绳的中间位置，右手臂稍向上提，使空竹离绳再次飞到图 5-7 ⑵所示的左臂上方。

⑿两臂退出绳套，空竹沿绳滑到身前下方复原。

从上面的操作中可以看到两种情况。一种是空竹从右上方沿绳溜到左上方，这是通过两臂的逆时针摆动完成的。一种是空竹呈“∞”形运行，也是分别通过双臂的摆动来完成的。要注意的是，在摆动双臂时，空竹不是直线运行，而是一种椭圆形的运行轨迹。

第七节　仙姑摆铃

仙姑摆铃是在环臂跳的基础上，转变为另一种新型的花样技巧。这个技法看上去很简单，但却有一定的难度，必须经过勤学苦练才能完成。其操作方法是：

⑴空竹启动后做加速动作，然后解扣垂下。

⑵右臂屈肘小臂向上，并进入到绳套之中，如图 5–8 ⑴所示。

⑶左手向上提起空竹离绳，空竹从右臂上方飞到右边绳上，如图 5–8 ⑵所示。

⑷空竹落到右边绳上后，沿绳溜到下方，这时右手臂按逆时针方向摇动，空竹环绕右手臂运行 2~3 圈。

⑸待空竹再次运行到右手臂的左上方时，左手臂上提空竹，右手向内摆动，空竹碰到右边绳，如图 5–8 ⑶所示。

⑹当右手竿摆到水平位置时，右手反过来向左摆动，空竹离绳碰到左边绳，如图 5–8 ⑷所示。

⑺然后重复⑸、⑹的操作，使空竹在左右两边抖绳上碰来碰去，当各有三次时，右肘从绳套中退出复原。

（1）进入绳套　（2）飞到右绳　（3）碰到右绳　（4）碰到左绳

图 5–8　仙姑摆铃

第八节　西施舞琴

西施，春秋末期出生于浙江诸暨。越王勾践卧薪尝胆，西施忍辱负重，为吴王所宠爱，暗中断送了吴王的江山。西施舞琴表现了西施为吴王献舞时的操琴体态。其操作方法是：

⑴启动空竹并做圆周加速动作，转速升高后解扣。

⑵右手向上将空竹弹起，右手绳从空竹右边由上向下挂住空竹，如图 5-9⑴所示。

（1）从右挂住　（2）绳搭右臂　（3）从上反挂　（4）沿绳向上

（5）绳搭左竿　（6）向上抛起　（7）落于右绳　（8）退出

图 5-9　西施舞琴

⑶挂住空竹后，左手竿搭于右臂之上，身体向左转动 90°，如图 5–9⑵所示。

⑷右手向上弹起空竹，然后右手迅速从空竹的上面向下套住空竹，如图 5–9⑶所示。

⑸套住空竹后，右手向右甩动，空竹沿绳向上，如图 5–9⑷所示，并经右臂上边到达身前。这时左手竿头朝前，用竿挡住抖绳，右腿交叉于左腿后，如图 5–9⑸所示。

⑹左手竿挑着抖绳按逆时针方向摇转一圈，然后左手臂移至右手竿的下边，并向上将空竹挑出，如图 5–9⑹所示。

⑺右手仰握抖竿向右伸展，让空竹落于绳上，这时右手前臂上绕有一圈抖绳，如图 5–9⑺所示。

⑻以右臂为中心，右手腕按逆时针方向扭转，带动空竹由右向左运行，如图 5–9⑻所示。

⑼右手臂继续旋转，绕在右手臂上的抖绳解除，空竹垂于身前复原。

第九节　红玉击鼓

红玉击鼓是借用《岳飞传》中梁红玉击鼓退金兵的故事。空竹在抖绳上一上一下地弹起，好比红玉擂鼓一般。其操作方法是：

⑴启动空竹做加速动作，然后解扣将空竹向上提起脱绳。

⑵右手绳从左过顶向前，使空竹落于右边绳上，如图 5–10⑴所示。

⑶右手向上，使空竹离绳后跳到左边绳上，身体同时向前走三步左右，如图 5–10⑵所示。

⑷经三次循环后，右边绳向上将空竹弹起，如图 5–10⑶所示，同

（1）落于右绳　　（2）落于左绳　　（3）弹起

（4）转身接住　　（5）竿头向后　　（6）拉回

图 5-10　红玉击鼓

时向右转体 180°。

⑸转体后，使空竹落于左边或右边绳上，再次按⑶操作使空竹在左右绳上跳来跳去，如图 5-10⑷所示。

⑹经三次循环空竹落到右边绳上后停止运行，身体左转 90°，右手竿头朝向身后，如图 5-10⑸所示。

⑺空竹沿绳溜向身后，如图 5-10⑹的左侧，然后右手回拉到身前复原。

第十节　玄女缠腿

九天玄女是个神话人物，帮助黄帝战胜了蚩尤。这个花样技巧，具有巧妙、悠扬之感，是锻炼一条腿站立平稳的最佳技法。其操作方法是：

⑴启动空竹并加速，转速升起后解扣。

⑵空竹解扣后垂于身前，这时抬起左腿跨进绳套之中，如图 5–11⑴所示。

⑶左手向上将空竹提起脱绳，空竹从左腿上边飞向右手绳，如图 5–11⑵所示。

（1）左腿跨入

（2）脱绳向右

（3）从后向前

（4）右腿后屈

（5）空竹向右

（6）退出

图 5–11　玄女缠腿

⑷空竹飞向右绳时，左手竿横于身后，右腿伸向右前方，空竹沿绳从裆下溜到身后。

⑸右手向前拉动抖绳，空竹离绳从右腿右侧飞向身前，如图 5-11⑶所示。

⑹空竹落到身前右手绳上后，左腿向上抬起，左手臂回到左侧，空竹经左腿下溜向身后，左手向上提起，空竹再次飞向右手绳。

⑺空竹落到右手绳上后顺绳溜向体后，左手竿横于身后，右小腿向后屈挂着抖绳，头部朝向右后方，如图 5-11⑷所示。

⑻右手向右拉动抖绳，空竹离绳从后屈起的右小腿上面飞落到右边绳上，如图 5-11⑸所示。

⑼空竹落到右边绳上后，顺绳溜到屈腿的左边，这时重复⑻操作，使空竹左起右落循环运行。

⑽当空竹循环三次后，右腿向前退出，如图 5-11⑹所示，右手拉动空竹过顶到体前。

第十一节　金鸡报晓

这个花样是环腿跳法的拓展技法，它同上面所学的“仙姑摆铃”花样基本相同，只是位置不同罢了。其操作方法是：

⑴启动空竹并做加速动作。解扣后将空竹垂于体前下方，右腿抬起跨入绳套之中，如图 5-12⑴所示。

⑵右腿跨入后做腿下环跳，如图 5-12⑵所示。

⑶当空竹从右边绳向下时，两手将竿头向下，两臂向上拉直抖绳，如图 5-12⑶所示。

⑷左手向上，空竹离绳碰到右边绳上，如图 5–12⑷所示。这时右手向上，空竹在右边绳的弹力下返回碰到左边绳上，如图 5–12⑸所示。

⑸重复⑷的操作，使空竹在左右两边绳上碰来碰去。

⑹当碰来碰去三次后，右脚着地，左腿向前跨过抖绳，如图 5–12⑹所示。

⑺左手向上将空竹提起于身前，如图 5–12⑺所示，右手过顶向前收住空竹。

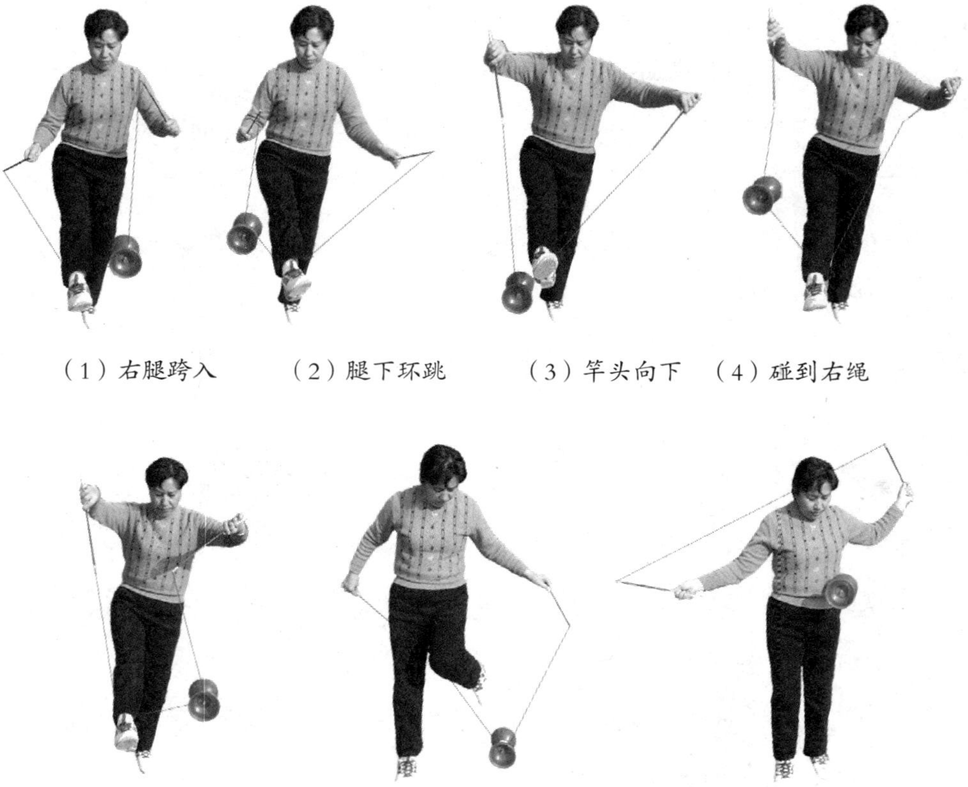

（1）右腿跨入　（2）腿下环跳　（3）竿头向下　（4）碰到右绳

（5）碰到左绳　（6）左腿跨过　（7）向前接住

图 5–12　金鸡报晓

第十二节　嫦娥玩月

嫦娥玩月具有舒展流畅、新颖别致之特点，是连续脱竿的经典之作。由于做此花样时空竹在半空旋转如月，右手脱竿接竿，犹如嫦娥玩月一般。其操作方法是：

⑴启动空竹并做圆周加速动作。

⑵待空竹运行到身体左侧时，左手稍向下按压抖绳，带动空竹由左向右，右手抖绳从空竹的外侧绕过解扣，如图 5–13⑴所示。

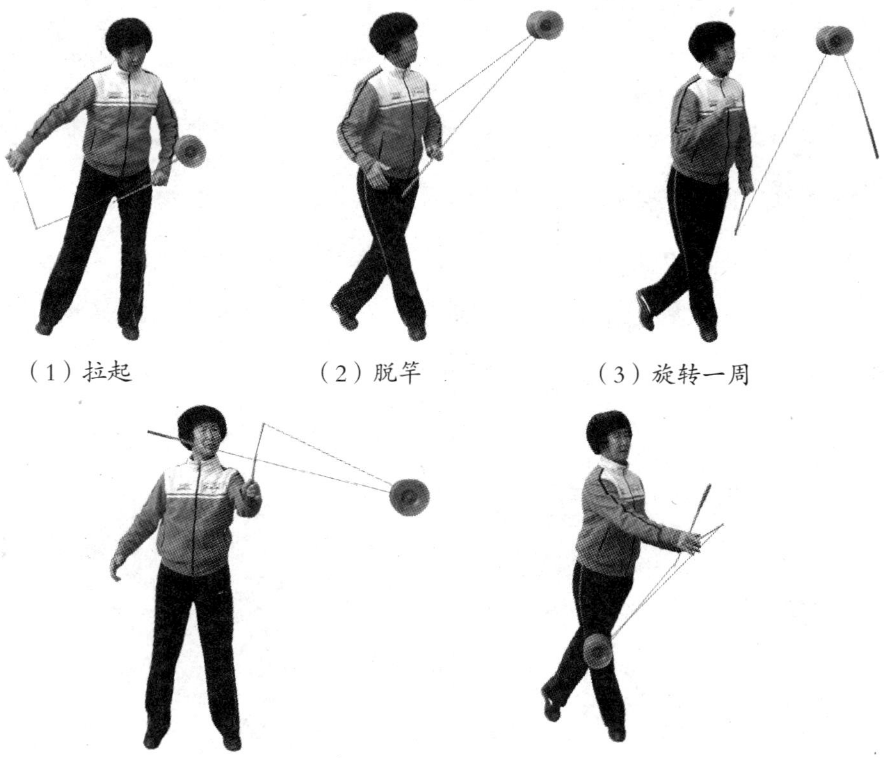

（1）拉起　（2）脱竿　（3）旋转一周

（4）竿挑着绳　（5）接竿

图 5–13　嫦娥玩月

⑶左手向左拉动，空竹运行一周后重新到达身体左侧上方，这时右手松开抖竿，如图 5–13 ⑵所示。

⑷左手带动抖绳，空竹按顺时针方向由左向右旋转，如图 5–13 ⑶所示。

⑸待脱手的抖竿手柄端到达左上边时，右手接住抖竿手柄；空竹到达左边时，右手再次松开抖竿。

⑹右手松开抖竿后，左手竿头前伸，并立即挑着抖绳进行摇转，如图 5–13 ⑷所示。

⑺摇转一周后，右手接竿恢复原状，如图 6–13 ⑸所示。

第十三节　瑶女梳妆

你知道瑶族吗？瑶族是我国贵州从江县的主体民族之一，他们在庆祝传统节日盘王节时，男女老幼都要用两小时的时间来梳妆打扮。在瑶族有这样一首《梳妆》诗来形容他们的梳妆："厅屋之中挂绣球，大姊细姊来梳头，大姊梳个盘龙髻，细姊梳个凤穿阳，唯有三姐梳得好，两头狮子抢绣球。"可以看出，瑶族妇女对梳妆打扮是多么重视。

现在我们来看这个花样技巧是如何完成的。

⑴启动空竹并做圆周加速动作。

⑵空竹到达下方后，右手竿头朝向身后，使右手臂进入到绳套之中，左腿交叉于右腿后，如图 5–14 ⑴所示。

⑶左手向上提起空竹，做肘下环跳 3~4 圈，如图 5–14 ⑵所示。

⑷空竹运行到左边时，左手向上弹起空竹，然后左边绳立即从空竹的上边向下挂住空竹，如图 5–14 ⑶所示。并经右臂下通过向上，抖绳

（1）右臂进入　（2）肘下环跳　（3）从上挂住　（4）由上向下

（5）竿头挑绳　（6）挑绳向上　（7）向上挑起　（8）向右回前

图 5–14　瑶女梳妆

搭在脖子后边，如图 5–14⑷所示。

⑸左手竿放于右臂下边，右边绳带着空竹从左上方向下，抖绳搭于左肩膀上。

⑹空竹垂下后，右手竿头从抖绳的左侧挑起抖绳，如图 5–14⑸所示。

⑺右手竿挑着空竹逐渐由下向上，如图 5–14⑹所示。并且身体向右扭转，待右手竿呈水平状时，向上将空竹挑起，如图 5–14⑺所示。

⑻右手向右伸，将抖绳拉直，让空竹落于绳上，然后右手向下，并向右边移动，身体向左转，空竹从身体左侧向上，将搭在脖子上的抖绳解除，如图 5–14⑻所示。身体逐渐立起，空竹垂下恢复原状。

第十四节　沉香祭灯

电视连续剧《宝莲灯》可能大家都看过，宝莲灯的神力战胜了恶魔，也就是正义战胜了邪恶。

现在我们来看这个花样技巧的做法。

⑴启动空竹后加速，待转速升高后解扣。

⑵两手向外将抖绳拉直，空竹脱绳向上，左脚向前跨一步，两臂向后，让空竹落于绳上，如图 5-15⑴所示。

（1）身后接住　（2）挂于左臂　（3）右手挂住　（4）挑绳向上

（5）右臂前伸　（6）脱绳向上　（7）搭于左臂　（8）收住

图 5-15　沉香祭灯

⑶接住空竹后，两手向下，右手移到胸前，左手持竿前伸，身体向左转 90° ，如图 5–15⑵所示。

⑷左手向上将空竹提起，右手绳从空竹的上方向下挂住空竹，并用竿头挑着抖绳，如图 5–15⑶所示。

⑸竿头挑住抖绳后，身体缓慢右转，同时右手挑住抖绳向上，如图 5–15⑷所示。

⑹身体继续右转，当转至 180° 时，右手向右侧伸展，如图 5–15⑸所示。

⑺右手向上将空竹脱绳，如图 5–15⑹所示，右手抖绳从空竹上方挂住空竹向身后运行。

⑻右手竿横于身后，空竹沿绳溜向左侧，左手手腕向右扭动，抖绳搭到左臂上，如图 5–15⑺所示。

⑼左手臂向上，空竹脱绳向上，右手过顶到身前，收住下落的空竹，如图 5–15⑻所示。

第十五节　凤舞九天

凤舞九天，取材于古龙的武侠小说《凤舞九天》。书中的主人公陆小凤为救太平王之女玉屏公主,施展了绝招“凤舞九天”,打败了“宫九”。该花样具有飘逸悠长、精练圆润之特点。其操作方法是：

⑴启动空竹并使空竹转速升高，做捞月动作，如图 5–16⑴所示。

⑵空竹运转平稳后，左手向上将空竹提起，如图 5–16⑵所示。

⑶左手竿横于胸前，右手抖绳绕过头部，将绳搭在后背上，右手向前拉直抖绳，让空竹落于绳上，如图 5–16⑶所示。

（1）捞月　（2）提起　（3）落于绳上　（4）左侧向上

（5）由后向前　（6）右腿跳过　（7）左腿跳过　（8）向上返前

图 5-16　凤舞九天

⑷右手向上提起空竹，并立即从空竹的上方向下挂住空竹，并带着空竹从身体背后左侧由下向上，如图 5-16⑷所示。

⑸左手从胸前回到左侧，右手过顶向前，然后再带着空竹从身体右侧由后向前，如图 5-16⑸所示。

⑹左脚向前一步，右手拉动空竹由前向后，右腿和左腿先后从绳上跳过，如图 5-16⑹、⑺所示。

⑺如图 5-16⑻所示，右手带着空竹继续向上过顶到身前，恢复原状。

第十六节 木兰舞枪

花木兰替父亲从军的故事家喻户晓，她女扮男装12年，一杆花枪演绎了一个巾帼英雄的飒爽英姿。该花样线路变化多端，动作潇洒英俊，具有很好的观赏性。其操作方法是：

⑴启动空竹并加速，待空竹转速升高后解扣。

⑵右手向上将空竹提起脱绳，右手迅速过顶置于身后，左脚向前一步，如图5-17⑴所示。

⑶右手向右拉直抖绳，空竹落于绳上后，右手向左，空竹沿绳溜到身体左侧，身体稍向左扭，右脚向前一步，如图5-17⑵所示。

⑷左手向上将空竹提起脱绳，右边绳从空竹的上方向下挂住空竹，向左转体90°，如图5-17⑶所示。

⑸右手挂住空竹后向身后送，空竹沿绳到达左侧呈背翻状，右边绳搭于左臂上，如图5-17⑷所示。

⑹左手再次将空竹提起脱绳，右边绳从空竹上方向下套住空竹，然后右手向上将空竹带起，身体逐渐右转，如图5-17⑸所示。

⑺当身体转270°时，右手抖竿向上将空竹提起脱绳，右边绳再迅速从上向下挂住空竹，身体继续右转，右手由上向下在身前抡转一周，如图5-17⑹所示。

⑻待空竹运行到下方时，右手抖竿带着空竹继续向上，这时身体后仰，如图5-17⑺所示。

⑼右手由上向下，将空竹经身体右侧送到身后，如图5-17⑻所示。

⑽左手向上拉起空竹，到达身体左侧后，左手竿横于身后，右手拉

动空竹由下向上过顶到身前，如图 5-17 ⑼所示，左手也从身后移向身前。

⑾右手向上将空竹抛起、脱绳，右手竿向上，接住下落的空竹复原。

（1）绳调身后

（2）溜到左侧

（3）从上挂住

（4）搭于左臂

（5）带起向上

（6）抡转一周

（7）仰身向上

（8）回到右侧

（9）过顶向前

图 5-17　木兰舞枪

第十七节 拷打红娘

这个花样是受戏剧《西厢记》的启发而创编的。所谓拷打红娘，就是用抖竿去敲打空竹轴。在做该动作时，要求干脆麻利、机灵果断，不能拖泥带水。其操作方法是：

⑴启动空竹后进行加速。

⑵将绳扣解除并向上将空竹脱绳，左手竿头斜向右下方，接住下落的空竹，右腿交叉于左腿后，如图 5–18⑴所示。

⑶右手竿头斜向左下方，左手竿将空竹挑给右手竿，如图 5–18⑵所示。

⑷右手竿再随即将空竹挑给左手竿。这样反复进行，使空竹在两竿上转来转去。

⑸当空竹在两竿上来回三次后，左手竿向上，使空竹顺绳滑下，如图 5–18⑶所示。上举两竿头，待空竹到达腹部时，两手分别将两边抖绳握住上提。

⑹在向上提绳的过程中，逐步形成左手竿高、右手竿低的形式。待空竹被提到下巴处时，左手将空竹提起脱绳飞向右手竿处，右脚向前一步，右腿交叉于左腿前，如图 5–18⑷所示。

⑺空竹在飞行的过程中，右手竿向右平放，空竹落到右竿后，右手腕向上转动，并将空竹送向左手竿。这时左手竿头稍向左倾斜，如图 5–18⑸所示。空竹落到左竿后，再将空竹打向右竿。

⑻经一来一往三次后，待左手再次向右时，将空竹打起，左手竿经空竹下方向右平伸，手心向下，虎口朝向右方，让空竹落于左手竿上，

（1）上到左竿　（2）上到右竿　（3）滑下　（4）上到右竿
（5）上到左竿　（6）翻到左边　（7）上到右竿　（8）收住

图 5–18　拷打红娘

如图 5–18⑹所示。空竹落于左竿后，左手腕上翻，使竿头朝向左方接住空竹，然后左手竿再随即将空竹打向右侧，左脚向前一步，左腿交叉于右腿前。

⑼右手竿向右伸，使空竹落于竿上，如图 5–18⑺所示。随即再将抖竿翻向左侧将空竹向上打起，右脚向前一步。

⑽空竹升起之时，两手竿同时向下，并接住下落的空竹，如图 5–18⑻所示，恢复原状。

第十八节　千手观音

在 2005 年的中央电视台春节联欢晚会上，由中国残疾人艺术团演出的《千手观音》舞蹈震撼了神州大地。这个花样是在借鉴《千手观音》舞蹈的基础上编排而成的。

本花样由 8 人组合而成，当然，也可以参加更多的人。在场地上画出三条纵线，线间距离一般以 1 米为宜。其操作方法是：

⑴先将参加的人平均分成两列。如果参加的总人数为奇数时，一个队可为偶数，另一队为奇数。每队应站到两边的纵线上。并且人与人之间的间距应为 0.6 米。

⑵列队完成后，可做圆周加速，但要保证动作的整齐性。这时可由教练指挥，统一口令。

⑶在做动作的同时，两列人员都向中间的纵线移步，合成一列。

⑷列队后，在统一口令下完成脱线和造型。前边第一位手拿空竹立在胸前，后边的依次按照编排的顺序将空竹立起放于相应位置。一般情况下是由左向右呈螺旋状，如图 5–19 所示。

图 5–19　千手观音

第六章 平盘丝直接脱绳花样技巧

平盘丝直接脱绳花样技巧，是难度系数比较高的花样技法。所谓直接脱绳，就是将空竹抛起的高度较高，而且用在每个动作的开始和结束比较多。

第一节　观音旋珠

观音旋珠花样技巧，线路简捷，动作连贯，是平盘丝花样技巧的典范。下面来学习这个花样技法。

⑴启动空竹并加速，待空竹转速升高后解扣垂下。

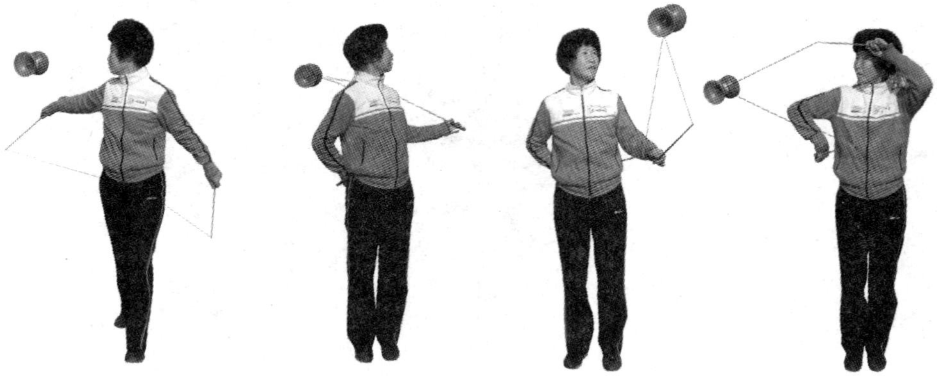

（1）绳调身后　（2）身后摇转　（3）身前摇转　（4）回到身前

图 6-1　观音旋珠

⑵右手向上将空竹弹起脱绳，同时右边绳过顶置于身后，如图 6–1 ⑴所示。

⑶空竹落到右边绳上后，右手竿横于身后，空竹沿绳溜到身体左侧，同时上身向左稍扭，左手带着空竹摇转一周，如图 6–1 ⑵所示。

⑷当空竹摇到身体左下时，左前臂向前，带着空竹从身后到达身前，并顺势摇转一周，如图 6–1 ⑶所示。

⑸如图 6–1 ⑷所示，空竹运行到左上方时，右手从身后向前复原。

第二节　四喜临门

四喜临门是一个空竹巧进四孔的脱绳花样，具有巧妙轻盈之特点。其操作方法是：

⑴启动空竹并加速，待空竹转速升高后解扣垂下，右手向上将空竹抛起脱绳。

⑵空竹抛起后，左边绳搭于右手竿上，然后左手竿头伸进右边绳下，两手向外撑展，形成一个“凶”字形，如图 6–2 ⑴所示。

⑶撑好龙门架后，让空竹落于图⑴所标注的“1”的位置，如 6–2 ⑵所示。

⑷空竹落到上面后，双手立即向上，将空竹托起离绳，如图 6–2 ⑶所示。当空竹下落时，让空竹落于右手竿图 6–2 ⑴所标注的“2”的位置，如图 6–2 ⑷所示。

⑸落到“2”的位置后，再向上将空竹托起离绳，下落后落到左手竿图 6–2 ⑴所标注的“3”的位置，如图 6–2 ⑸所示。

⑹双手再次向上将空竹托起离绳，让其下落到图 6–2 ⑴所标注的“4”

（1）搭绳撑竿　（2）落于最上　（3）向上托起

（4）落于右孔　（5）落于左孔　（6）落到最下

图 6–2　四喜临门

的位置，如图 6–2 ⑹所示。

⑺两竿竿头向下，空竹顺绳溜到身前复原。

第三节　垂帘悬珠

垂帘悬珠就是将空竹挂起，使空竹在绳套中定点平稳运转。因空竹挂在最下面，所以像一颗珍珠悬在下边一般。其操作方法是：

⑴启动空竹后加速。

⑵空竹转速提高后将空竹脱绳，右边绳迅速从空竹的右侧由上向下挂住空竹，如图 6–3⑴所示。

⑶右边绳向上提，并从左手竿里侧向外搭到左手竿上向下，如图 6–3⑵所示。

⑷当右手竿向下到达空竹与左手竿之间时，右手停止向下，并将竿头朝向左方呈水平状。左手竿引绳向下到达空竹的下边，然后把竿放到空竹轴上，如图 6–3⑶所示。

⑸右手持竿，左手向上举起，空竹在下边的竿上定位旋转，如图 6–3⑷所示。

（1）从右挂住　（2）搭绳向下　（3）左手向下　（4）悬珠

图 6–3　垂帘悬珠

⑹当空竹转速缓慢后，左手重新握竿，双手向上将空竹带起脱绳，做捞月收住空竹。

第四节　听琴落雁

大家都知道《昭君出塞》的故事。汉元帝为安抚北方匈奴，选昭君与单于结成姻缘，以保两国永远和好。昭君在北去的路上拨动琴弦，南飞的大雁听到这悦耳的琴声，忘记摆动翅膀，跌落地下，这个“落雁”也就成了王昭君的雅称了。

下面来看是如何使“雁”落下的。

（1）左手进入　（2）落到绳上　（3）右手加扣

（4）翻转　（5）脱绳向上　（6）从上套住

图 6–4　听琴落雁

⑴启动空竹并做加速动作，转速升高后解扣垂下。

⑵左手竿递到右手中，左手进入到绳套中，向外撑紧抖绳，并按顺时针摇动抖绳，空竹在绳套中转动，如图 6–4 ⑴所示。

⑶空竹在绳套中转三圈后，左手重新握竿，双手向上将空竹脱绳向上，左手撑紧绳套，让空竹落于抖绳上，如图 6–4 ⑵所示。

⑷空竹落到绳上后，右手将抖绳从空竹的上边向下加绕一圈，如图 6–4 ⑶所示，然后双手向外拉紧抖绳，空竹在绳上翻转一周，如图 6–4 ⑷

所示。

⑸双手放下，并从下向上将空竹弹起，左手松开抖绳，右手持双竿，如图 6–4⑸所示。

⑹右手从下向上将空竹套住复原，如图 6–4⑹所示。

第五节　鹰击长空

鹰击长空比喻雄鹰在辽阔的天空中振翅飞翔，自由自在。在这个花样技巧中，两根抖竿一齐脱手，带着空竹在半空旋转，犹如鹰在长空飞翔一般。其操作方法是：

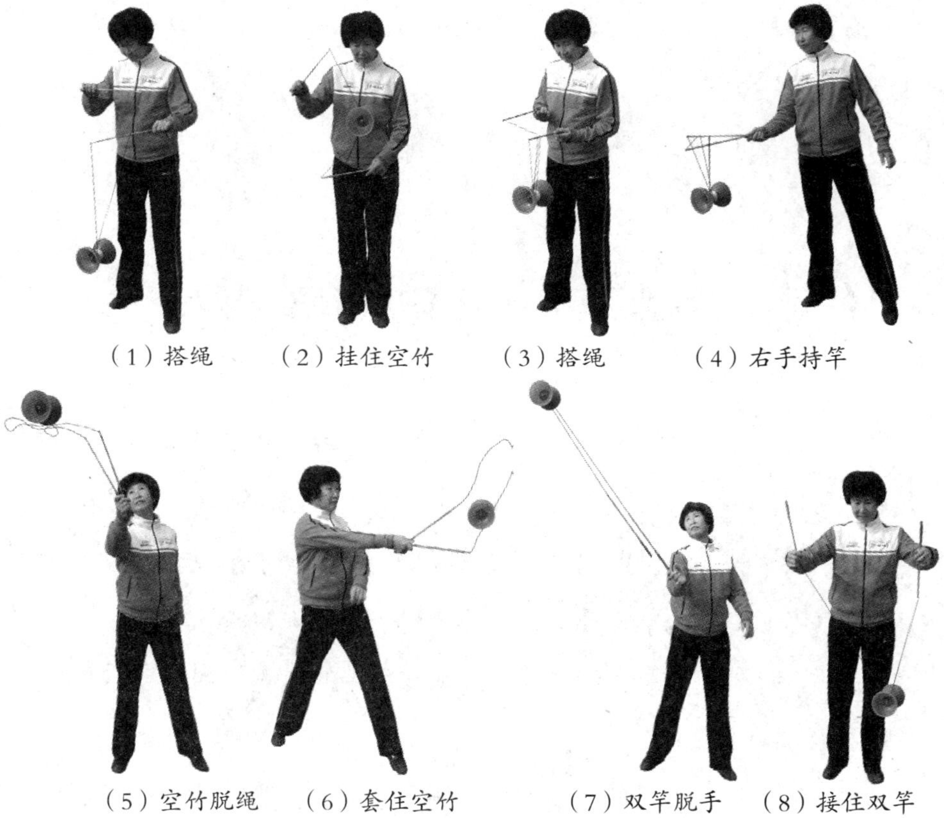

（1）搭绳　（2）挂住空竹　（3）搭绳　（4）右手持竿

（5）空竹脱绳　（6）套住空竹　（7）双竿脱手　（8）接住双竿

图6–5　鹰击长空

⑴启动空竹并加速，待空竹转速升高后解扣下垂。

⑵左手竿向前，右手提绳向上，并从左手竿的左侧将绳搭在左手竿上，如图6–5⑴所示。

⑶左手竿压着抖绳按逆时针方向旋转，空竹由下向上，右手抖绳这时放在抖轴中，空竹由上向下，成为活扣式，双脚并拢，如图6–5⑵所示。

也可以把搭在左竿上的右边绳直接向下引，到达空竹下边时，再从空竹的右边绕过向上，如图6–5⑶所示。

⑷左手竿递到右手中，右手接竿并移向身体右侧，如图6–5⑷所示。

⑸右手从右向左，按逆时针方向将空竹向上脱出，如图6–5⑸所示。

⑹然后身体向左扭转，右手从上向下挥动抖绳将空竹套住，如图6–5⑹所示。

⑺套住空竹后，右手把空竹由左带向身体右侧上方，然后松开双竿，空竹连竿飞向空中左侧，如图6–5⑺所示。

⑻待空竹从上向下回落时，双手抓住抖竿即可，如图6–5⑻所示。

第六节　飞燕飘舞

赵飞燕是西汉汉成帝的皇后，她跳起舞来，手如拈花颤动，身似杨柳飘絮。所以李白在《阳春歌》中就有这样的诗句来形容她：“飞燕皇后轻身舞，紫宫夫人绝世歌。”飞燕飘舞则取于此。其操作方法是：

⑴启动空竹做圆周加速动作，空竹运行平稳后解扣垂下。

⑵左手竿前伸，右手提起抖绳，并从左手竿的里侧搭到左手竿上向下，如图6–6⑴所示。

⑶右边绳继续向下，并从空竹的右侧过轴向上，然后再从左竿里边搭竿向下，如图6–6⑵所示。

（1）搭绳　（2）搭竿向下　（3）竿头向下　（4）甩脱绳扣

（5）落到绳上　（6）摇转两圈　（7）向上抛出　（8）落到绳上

图 6–6　飞燕飘舞

⑷到达下方时，右边绳从空竹的左侧过轴向上，右脚向右跨一大步，如图 6–6⑶所示。

⑸两手向右侧甩去，所有搭在左竿上的绳扣从竿上滑下，如图 6–6⑷所示。

⑹左手向左拉动，空竹由右向左运行，这时左手竿向下按压，空竹由下向上，左手竿前伸按住下边的抖绳，然后空竹下落到抖绳上，如图 6–6⑸所示。

⑺待空竹随绳落下后，右边绳移到左竿的左侧，左手按顺时针方向摇动抖竿，并压着右边绳旋转两圈，然后使右边绳均缠在空竹轴上，这时绳扣为活扣，如图 6–6⑹所示。

⑻左手向上，将空竹脱出，右腿向后与左腿交叉，如图 6-6⑺所示。

⑼右手前伸，接住下落的空竹，如图 6-6⑻所示。

第七节　飞龙驮珠

飞龙驮珠花样技巧，有的也称“倒挂金钟”。该花样在双轮技法中实为上乘之作，使人看后既感到惊心动魄，又觉得神乎其神。其操作方法是：

⑴启动空竹并加速，转速升高后解扣。

（1）绳调身后　　（2）落到绳上　　（3）右手松竿

（4）抖绳向上　　（5）自缠轴上

图 6-7　飞龙驮珠

⑵右手向上将空竹提起，右边及绳过顶置于身后，如图 6–7 ⑴所示。

⑶右手拉着抖绳向右侧伸展，让空竹落于右侧绳上，如图 6–7 ⑵所示。

⑷空竹落到绳上后，右手向左摆动，左手拉动抖绳，空竹运行到身体左侧，这时右手松开抖竿，如图 6–7 ⑶所示。

⑸空竹脱绳向上，抖绳离开空竹在空中旋转一圈后，迎着空竹而上，如图 7–7 ⑷所示。抖绳碰到空竹后，缠到空竹轴和左手竿上，如图 6–7 ⑸所示。

⑹待松开的抖竿手柄到达头部右边时，右手接住抖竿即可。

第八节　春燕衔泥

小燕子每从南方飞到北方，就要一次又一次地衔些泥巴来筑巢穴。春燕衔泥是一种以形取名的花样技巧。其操作方法是：

⑴启动空竹，做加速动作。待转速升高后解扣。

⑵右手向上将空竹提起脱绳，右边的绳从空竹的右侧由上向下挂住空竹，如图 6–8 ⑴所示。

⑶左手向上将空竹拉起到身体左侧，然后左手竿前伸，使抖绳挂在左竿上，左腿交叉于右腿后，如图 6–8 ⑵所示。

⑷右边绳由右向左从空竹轴下通过向上，左手以顺时针方向由右向左，右手向上拉起空竹，并落至身体右侧前方，如图 6–8 ⑶所示。

⑸右手在身后带着空竹由右向左，到达身体左后侧，右手竿向上将空竹挑向身前，这时左手在胸部的前方，如图 6–8 ⑷所示。

⑹右手过顶于前，双手拉直抖绳，让空竹落于绳上即可，如图 6–8⑸所示。

（1）从右挂住　（2）搭于左竿

（3）调于右后　（4）挑出　（5）接住空竹

图 6–8　春燕衔泥

第九节　空中套铃

空中套铃是双轮空竹技巧活扣的灵活运用。它是将抖绳按活扣法绕好后脱出空竹，再用绳套套住。这种花样难度系数较高，需要刻苦练习方见成效。其操作方法是：

⑴启动空竹并加速。

⑵待空竹转速升高后解扣，右手立即从空竹的下方由右向左，并随势将抖绳从左竿的外侧搭于左手竿上，如图 6–9 ⑴所示。

⑶搭到左竿后右手向下引绳，到达空竹的下边后，右边绳从空竹的前边过轴向后，如图 6–9 ⑵所示。

⑷左手竿递到右手中，右手向上将空竹脱出升空，如图 6–9 ⑶所示。

⑸右手由上向下甩动抖绳，在空中将空竹套住，如图 6–9 ⑷所示。

（1）搭到左竿　（2）向下过轴　（3）抛起来　（4）甩臂套铃

图 6–9　空中套铃

第十节　旋龙出水

旋龙出水，比喻一条大龙在水中盘旋后突然腾出水面。该花样是肘上翻花、脱绳反挂和活扣脱铃相结合的一种技法。其操作方法是：

⑴启动空竹后做加速动作，然后解扣垂下。

⑵解扣后，右手竿头向上，右手臂进入到绳套之中，做肘上翻花，如图 6–10 ⑴所示。

⑶肘上翻花循环三圈，待空竹到达胸前时，右手向左伸展，空竹脱

（1）做肘花　（2）右手套住　（3）摆到右侧　（4）到胸前

（5）向上带起　（6）压住抖绳　（7）落到绳上　（8）抛起

图 6–10　旋龙出水

绳向上，这时右边抖绳从空竹上面向下套住空竹，如图 6–10⑵所示。

⑷右边绳套住空竹后，左手向左拉直抖绳，右手带着空竹摆向身体右侧，如图 6–10⑶所示。

⑸右手向左返回，带着空竹由下向上旋转一周到达胸前，这时右手竿向下，左手向左伸，如图 6–10⑷所示。

⑹左手向上将空竹弹起，右手由右向左从空竹轴的下边通过挂住空竹，右手随即向上带起空竹，如图 6–10⑸所示。

⑺空竹由上继续向下，当回到身体左侧时左手竿前伸压住抖绳，如图 6–10⑹所示。

⑻左手竿按压着抖绳由右向左摆动，空竹则由左向右落到抖绳上，

如图 6-10⑺所示。这时抖绳在空竹上实际是个活扣。

⑼两手同时向上，将空竹抛起脱绳，如图 6-10⑻所示。

⑽右手竿向上，左手竿向下，接住下落的空竹复原。

第十一节　转身得宝

转身得宝花样技巧，属于活扣抛高的一种。它与众不同的是转身后将空竹接住。其操作方法是：

⑴启动空竹并做加速动作，平稳后解扣。

⑵解扣后右手提绳向上，并从左手竿的左侧将绳搭在左手竿上，如图 6-11⑴所示。

⑶绳搭竿上后，右手继续引绳向下，并从空竹的右边通过空竹轴向上，然后把左手竿递给右手，如图 6-11⑵所示。

⑷右手接竿后手臂向右方伸展并向上将空竹脱出，如图 6-11⑶所示。

⑸空竹脱出后，身体向右旋转 180°，右手竿横于身后，接住下落的空竹，如图 6-11⑷所示。

⑹接住空竹后，身体再向右转 180°，向上做交叉捞月，收住空竹。

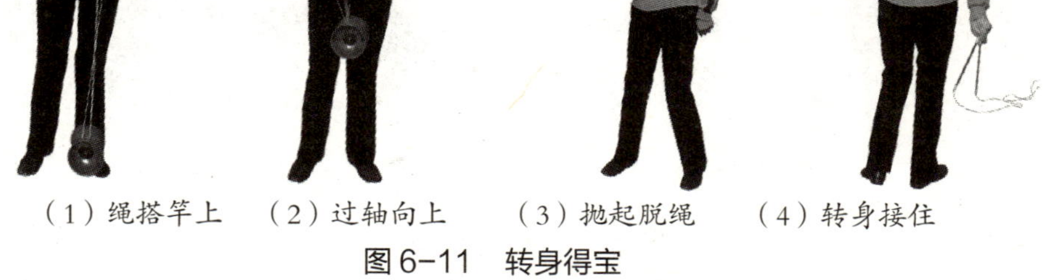

（1）绳搭竿上　（2）过轴向上　（3）抛起脱绳　（4）转身接住

图 6-11　转身得宝

第十二节　苍松悬铃

松树为高大乔木，它枝叶繁茂，树姿雄伟，并以刚毅常青荣居“岁寒三友”之首。历史上有很多赞扬松树的诗句。“大雪压青松，青松挺且直。要知松高洁，待到雪化时。”这首就是陈毅为赞美松树的挺拔、高洁所作的诗。其操作方法是：

⑴启动空竹并加速，转速升高后解扣。

（1）勾住左绳　（2）左绳绕轴　（3）左竿挑绳　（4）退出右绳

（5）左竿退出　（6）右手持竿　（7）向上抛起　（8）落到绳上

图 6–12　苍松悬铃

⑵左手将抖竿高举，右手中指勾住抖绳，形成一绳环，如图 6–12⑴所示。

⑶勾住抖绳后，左手向下，并将左边绳从空竹的右边过轴向上，如图 6–12⑵所示。

⑷左边绳向上后，再用左手竿头挑住右手中指所勾的绳环，如图 6–12⑶所示。

⑸右边绳从身体侧向下，从空竹轴上退出，如图 6–12⑷所示。

⑹右边绳从空竹轴上退出后，左手抖竿从所挑的绳环上退出，如图 6–12⑸所示。

⑺左手抖竿递交到右手中，左手高举，空竹在所形成的菱形下方旋转，如图 6–12⑹所示。

⑻右手向上，同时右手中指松开所勾的绳环，空竹向上脱出绳套，如图 6–12⑺所示。

⑼左手重新推竿，右手前伸，收住下落的空竹，如图 6–12⑻所示。

第十三节　奋起直追

奋起直追是形容一只落后的大雁，振动翅膀向前追去。在这个花样技巧中，就是身体向上跳起，去接住下落的空竹。其操作方法是：

⑴启动空竹后加速。

⑵空竹运转平稳后解扣，两手向左右两边拉直抖绳，空竹脱绳向上，如图 6–13⑴所示。

⑶双手挥动抖绳，身体向上跳起，抖绳由前向后从两脚下通过，如图 6–13⑵所示。

（1）抛起空竹　　（2）身体跳起　　（3）落到绳上

图 6–13　奋起直追

⑷右手竿向上，左手竿放低，使抖绳成为倾斜状，让空竹落于绳上即可，如图 6–13 ⑶所示。

在做⑶、⑷操作时，可以连续跳起 2~3 次再接住空竹，也可以在第一次时跳一次，在第二次抛起时跳两次，第三次抛起时跳三次。

第十四节　直插云霄

直插云霄这个花样，是将抖绳在空竹轴上绕成活扣状，然后直接将空竹垂直向上抛起，属一个表演型的花样。其操作方法是：

⑴启动空竹并做加速动作。

⑵空竹运行平稳后解扣，这时应随着空竹回落的惯性，左手向上将空竹脱出，左边绳迅速从空竹的左侧由上向下挂住空竹，如图 6–14 ⑴所示。

⑶挂住空竹后，右手向上，左手按顺时针方向将抖绳在空竹轴上缠绕两圈。空竹向下时，左手突然以逆时针方向转动，并且竿头向前，按

（1）挂住空竹　（2）竿压住绳　（3）落到右绳　（4）抛起

图 6–14　直插云霄

压住抖绳，如图 6–14⑵所示。

⑷压住抖绳后，左手带着空竹摇转两圈，右手放平，使空竹落在右边绳上，如图 6–14⑶所示。

⑸两手向上将空竹提起脱绳，如图 6–14⑷所示，空竹回落时右手放低，左手抬高，让空竹落于绳上即可。

第十五节　双龙拜日

双龙拜日花样，是松开后的双竿带着空竹飞到空中，犹如两条神龙在空中追逐朝拜太阳一般，该花样难度系数较高。其操作方法如下：

⑴启动空竹并做加速动作。

⑵待空竹转速升高时解扣，右手随势将空竹脱绳向上，然后右边绳立即从空竹的右侧由上向下套住空竹，如图 6–15⑴所示。

⑶套住空竹后，左手过顶置于身后，并把竿放在左肩膀上，右手带着空竹由右向左将空竹拉起于右上方，如图 6–15⑵所示。

（1）从右套住　　（2）拉到右上

（3）拉到左侧　　（4）两手松开　　（5）双手接竿

图 6–15　双龙拜日

⑷右手带着空竹由上向下到身后，左手向左拉动抖绳，并顺势按逆时针方向摇转两圈，如图 6–15⑶所示。

⑸当空竹运行到左上方时，双手同时松开左右抖竿，空竹连竿飞向空中，如图 6–15⑷所示。

⑹待空竹回落时两手分别抓住抖竿复原，如图 6–15⑸所示。

第十六节　侠女射雕

侠女射雕也属活扣脱绳的一种花样技法，它不同于其他的活扣脱绳动作，是在转身后于头部上面完成的，所以让人看后有妙不可言的味道。其操作方法是：

⑴启动空竹并做加速动作。

⑵空竹转速升高后解扣，右手随势向上将空竹脱出，如图 6–16⑴所示。

⑶空竹下落到绳上后，左手拉着抖绳使空竹由下向上，当空竹到达头部上边时，脸向上仰，身体向左转 90°，右手竿横着朝向背后，使下落的抖绳搭到右竿后向下，如图 6–16⑵所示。

⑷身体继续左转 180°，并且左手绳应从空竹的右侧过轴向上，右手竿过顶到身前，如图 6–16⑶所示。

（1）抛起　（2）转身搭绳

（3）回到身前　（4）双手向上　（5）落到绳上

图 6–16　侠女射雕

⑸两手同时向上将空竹提起脱绳，如图 6–16⑷所示。

⑹右手向上接着下落的空竹，如图 6–16⑸所示。

第十七节　观音翻肘

观音翻肘具有动作优美、飘逸舒畅、韵味深浓之感，是双轮空竹中的佳作。其操作方法是：

（1）做右肘花　（2）翻臂向外　（3）带起空竹　（4）绕臂

（5）弹起　（6）挂住向右　（7）垂于手臂下边　（8）收住

图 6–17　观音翻肘

⑴将空竹抖转后，右手小臂弯曲向上进入绳套之中，如图 6–17⑴所示。

⑵左手向上将空竹提起，做两圈肘花后，左手竿逐渐向上，右手臂向右伸，并且右手高举，左手放低，使空竹沿绳越过左臂到臂外，如图 6–17⑵所示。这时左手竿伸向左边，右腿交叉于左腿后。

⑶如图 6–17⑶所示，左手向上将空竹带起，抖绳从上向下回落时，在右手臂上缠绕一圈下垂，如图 6–17⑷所示。

⑷再做两圈肘花后，将空竹向上弹起，如图 6–17⑸所示。

⑸左手从空竹的上边向下挂住空竹，空竹从左向右按逆时针方向旋转，如图 6–17⑹所示。空竹垂于右臂下边，右腿交叉于左腿后，如图 6–17⑺所示。

⑹右手向上将空竹提起脱绳，如图 6–17⑻所示，右手向前收住空竹复原。

第七章 立盘丝沿绳花样技巧

双轮立盘丝花样是近几年才发展起来的。立盘丝花样技巧难度较大，但技法舒展大方、连绵起伏、沉着稳健、虚实分明、气势壮观、感染力强，使人在联想中产生共鸣，获得美的感受。

第一节 立盘丝法

一、立盘丝的技术要求

1. 立盘丝的“三平”

在做立盘丝时，只有掌握好“三平”这一法则才能将立盘丝做好：一是要保证空竹自身的上面要呈水平状，不得产生歪斜；二是空竹运行的路线要平，不得产生右高左低现象；三是两根抖竿要放平。

2. 空竹的立起方法

在空竹界有这样一句话，叫作“该立的不立，不该立的偏要立”。这就是说，在做立盘丝时，要让空竹立起时空竹不听话，就是立不起来。那么，有让空竹立起的方法吗？肯定是有的，但需要通过不间断的练习才能掌握。

空竹启动后，先做平盘丝动作，要一边盘丝，一边左腿向后退，身体连续地向左转动，并要使左边绳与上边的轮侧相摩擦，右边绳与下面的轮侧相摩擦，这样空竹就会逐渐立起。

另外，如果做平盘丝比较熟练后，待把空竹盘到身体左侧后，身体立即向右转动，右手拉动空竹由身前向右，这样，空竹也会立起。

还有一种快速立起法，就是空竹在平盘丝运转平稳时，使空竹处在无绳扣状态下，将右手竿头向下，并使竿头位于空竹轴的右侧。右手将抖竿逐步与空竹的轮内面相接触，并稍加用力，这时空竹轮会迅速立起，然后就可以做立盘丝动作。这种技法叫作压轮法，如图 7–1 所示。

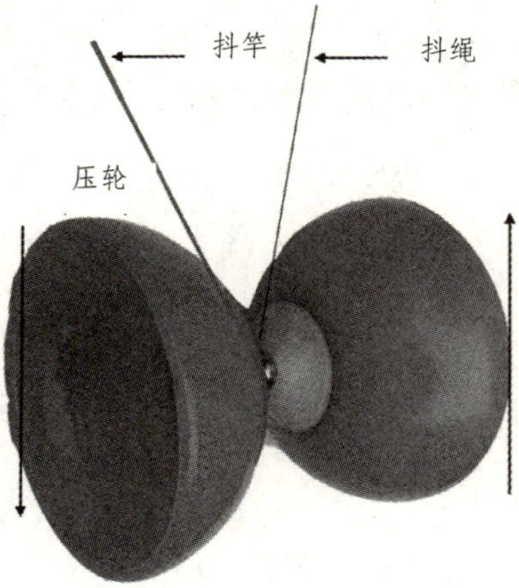

图 7–1　压轮法

二、立盘丝的形式

立盘丝是抖空竹中的另一种形式，它是水平平面内的空竹沿绳圆周运行的动作，具有较高的技术性、表演性、观赏性。

立盘丝时，一方面以左手竿头为圆心，右手竿围绕圆心做水平平面的圆周运动；另一方面身体应连续地向左转动。在立盘丝中，主要有正立盘丝、反立盘丝、盘丝过项等动作，其基本形式如图 7–2 所示。

（1）正立盘丝　（2）反立盘丝　（3）盘丝过顶

图 7–2　立盘丝

第二节　仙女下凡

仙女下凡是双轮立盘丝中的最普通的花样技巧。它是过腿和立盘丝有机结合的典范之作。其操作方法是：

⑴启动空竹，进入立盘丝状。

⑵待空竹盘到身体前方时，左腿向上抬起进入绳套之中，如图 7–3⑴所示。

⑶右竿位于裆下不动，左手竿横于身后，身体向左旋转，如图 7–3⑵所示。

⑷随着身体的向左旋转，左手竿位于身后，右腿逐渐向上抬起，进入绳套之中，右手向前，如图 7–3⑶所示。

⑸空竹到达身前时，左腿再次向上抬起退出绳套，如图 7–3⑷所示。

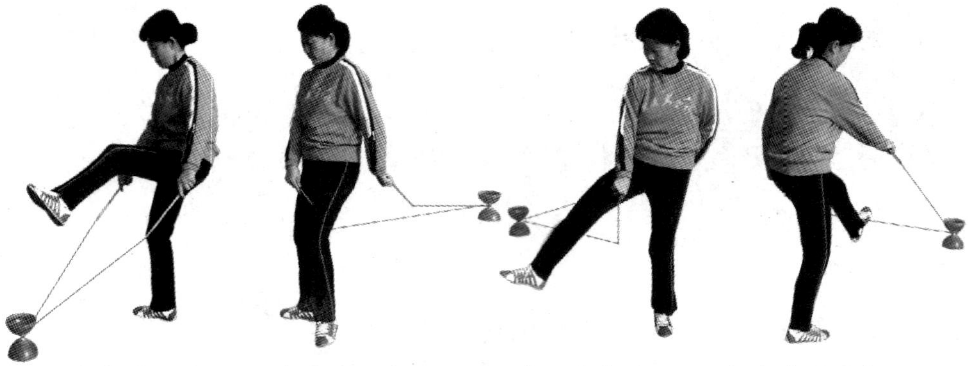

（1）左腿进入　（2）空竹向后　（3）抬起右腿　（4）左腿退出

图 7–3　仙女下凡

第三节　出水回龙

出水回龙是在仙女下凡的花样基础上发展起来的。它与仙女下凡的不同点，就是左腿和右腿先后跳进和跳出绳套。其操作方法是：

⑴空竹启动后做立盘丝。

⑵待空竹被盘到身体右侧时，右边绳调整到左边绳的上面，如图 7–4⑴所示。

⑶左手向左并逐步移至身后，右臂屈肘，手向后过顶，如图 7–4⑵所示。

（1）反抄过顶　（2）运行身后

（3）到达右侧　（4）双腿跳起　（5）左腿退出

图 7–4　出水回龙

⑷当空竹运行到身体右后侧时，右手向右侧伸展，左手竿横于身后，如图 7-4 ⑶所示。

⑸这时右腿、左腿先后从绳上跳起退出，空竹到达身前复原，如图 7-4 ⑷、⑸所示。

第四节　左右摇铃

左右摇铃是立盘丝花样中的新技法，有左摇铃、右摇铃、上摇铃和下摇铃之分。但不论是哪种摇铃花样，均是利用抖竿挡住抖绳来完成的。这里给大家介绍左摇铃和右摇铃，上摇铃、下摇铃可在教练的带领下自己去练习。

⑴启动空竹并做立盘丝。

⑵当空竹被盘到右上侧时，右手竿向上，挡住抖绳，但是要注意，这时左手竿要高于空竹，如图 7-5 ⑴所示。

⑶当摇过二或三圈后右手竿放平，缠在右竿上的绳扣全部从竿上滑下。

⑷空竹盘到左侧时，左手竿头向上，挡住抖绳，这时右手竿要低于

（1）右摇铃　　（2）左摇铃

图 7-5　左右摇铃

空竹，如图 7-5⑵所示。

⑸当摇过二或三圈后左手放平，按照缠绳的方向将绳扣解除。

第五节　神鲸摆尾

神鲸摆尾属身后动作。这个花样看似简单，但最难控制的就是空竹易缠绳或是空竹摆到左边时容易脱绳。这个问题应通过适当转身来解决。其操作方法是：

⑴启动空竹后做立盘丝。

⑵当空竹被盘到身体右侧时，右腿、左腿向上跳起，抖绳从两脚下通过，如图 7-6⑴所示。

⑶抖绳通过两脚时，空竹运行到身后，这时身体向左转动，右手带着空竹随之旋转，如图 7-6⑵所示。

⑷身体连续旋转 300° 以上时，右手在身后向右侧送，空竹沿绳由右向左，如图 7-6⑶所示。

（1）两腿跳进

（2）身后运行　（3）摆到左侧　（4）过顶复原

图 7-6　神鲸摆尾

(5)空竹到达左侧后，身体继续左转，左手竿带着空竹过顶到达身前，如图 7-6(4)所示。

第六节　仙鹤盘旋

仙鹤盘旋又称展翅盘旋，线路简捷，潇洒飘逸，形如一只仙鹤在空中展翅飞翔一般。在这个花样中，有左单展翅、双展翅和右单展翅之分。下面介绍左单展翅、双展翅和右单展翅。

(1)启动空竹后做立盘丝，使空竹平稳运行。

(2)当空竹被盘到身体右侧时，右边绳调于发音轮侧。

(3)右边绳反抄后，右手过顶于身后，并将右手竿横于肩上，左手向左伸展，同时向左转动身体，空竹处于左侧运行，如图 7-7(1)所示。这种形式为左单展翅。

(4)当旋转一圈后，右手向右伸去，使空竹滑至身后抖绳的中间旋转，同时转体不停，如图 7-7(2)所示。这种形式为双展翅。

(5)再转体一周，左手竿头朝向右侧并横于肩上，右手向右伸展，使空竹在身体的右侧随着身体旋转，如图 7-7(3)所示。这种形式为右单展翅。

（1）左单展翅　　（2）双展翅　　（3）右单展翅

图 7-7　仙鹤盘旋

⑹当转体一圈后，左手过顶向前，恢复立盘丝。

第七节　织女摆梭

织女摆梭动作流畅、潇洒，左、右手来回把空竹甩来甩去，犹如织布摆梭一般。其操作方法是：

⑴启动空竹后做立盘丝。

⑵当空竹被盘到右侧时，右手由右向左甩去，左手向左伸展，如图 7–8⑴所示。

（1）摆到左侧

（2）摆到右侧　（3）过顶　（4）回到左侧

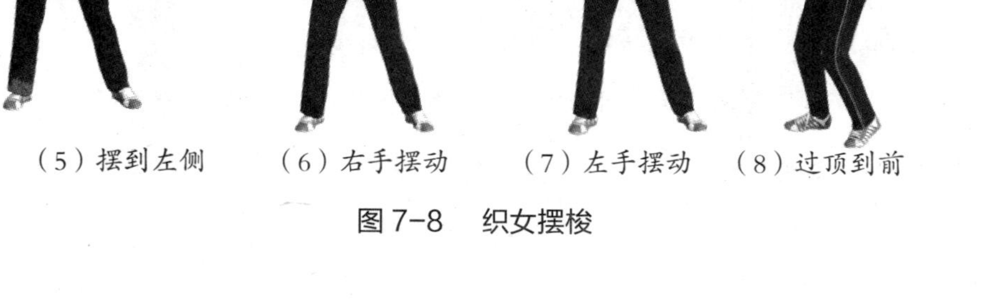

（5）摆到左侧　（6）右手摆动　（7）左手摆动　（8）过顶到前

图 7–8　织女摆梭

(3)空竹运行到左手竿头时，左手由左向右甩动，右手向右侧伸展，空竹回到身体右侧，如图 7–8 (2)所示。

(4)空竹到达右手竿头时，右手重新由右向左，这时右手竿头朝向左臂下方，左手带着空竹过顶，这时身体左转，如图 7–8 (3)所示。

(5)随着身体的转动，空竹运行到身后，左手再过顶到身前并向左侧伸去。这时身体刚好转动 360° ，右手竿还在左臂下方，如图 7–8 (4)所示。

(6)左手带着空竹向右侧甩去，空竹沿绳从右侧经身后到达左侧，如图 7–8 (5)所示。

(7)这时，左臂横于胸前不动，右手竿带着空竹由左向右，如图 7–8 (6)所示。

(8)空竹到达右手竿头处时，右手竿再带着空竹由右返向左侧，空竹再由左侧过身后向前，如图 7–8 (7)所示。

(9)这样来回循环 2~3 次后，身体右转，右手过顶向前，如图 7–8 (8)所示，恢复立盘丝状。

第八节　贵妃更衣

贵妃更衣花样技巧也是立盘丝中的经典之作。空竹从上到下，层次分明，线路明晰，具有一定的观赏性和表演性。其操作方法是：

(1)启动空竹并做立盘丝。

(2)待空竹被盘到右侧时，将右边绳调到左边绳之上，然后右手带领空竹到身后，身体向左转动，如图 7–9 (1)所示。

(3)左手竿头搭于左肩膀上，抖绳绕在身后，右手竿带着空竹到身前，如图 7–9 (2)所示。

⑷右手向上过顶于身后，左手向上过顶于身前，如图 7–9 ⑶所示。

⑸身体继续左转，左手竿移于身后，右手手心向上并逐渐向右伸展，空竹在右手绳的带领下到达身体右侧，如图 7–9 ⑷所示。

⑹右手手腕逆时针方向扭转，手心向下，竿头朝向身后，空竹经身后到达身体左边，如图 7–9 ⑸所示。

⑺转体 360° 后，左手随屈臂向上，带着空竹过顶于身前复原，如图 7–9 ⑹所示。

（1）过到身后　（2）回到身前　（3）再到身后

（4）拉到右侧　（5）摆到左后　（6）左手过顶

图 7–9　贵妃更衣

第九节　蜘蛛吐丝

蜘蛛吐丝花样技巧，是将抖绳缠到身上后，将一根抖竿松开脱手，使空竹固定在抖绳上旋转，然后再接住抖竿。这个花样具有扑朔迷离之感。其操作方法是：

⑴启动空竹后做立盘丝。

⑵待把空竹盘到身体右侧，左手向左伸展，右手竿过顶，空竹运行到身体左侧，如图 7-10⑴所示。

（1）盘到左侧　　（2）到达右前方　　（3）松竿

（4）左手抓绳　　（5）右手接绳　　（6）左手接竿

图 7-10　蜘蛛吐丝

⑶空竹运行到身后时，左手竿横于身后，右手带着空竹由后向前，如图 7–10⑵所示。

⑷右手带着空竹再次过顶到身后，这时左手松开抖竿，如图 7–10⑶所示。在松竿的同时，身体向左旋转，松开的左手竿在离心力的作用下向外飞去。

⑸右手带着空竹旋转 2~3 周并到达左侧时，左手抓住抖绳，如图 7–10⑷所示。在身体旋转不停的情况下，右手再接住左手所抓的抖绳，然后让空竹再绕身一周到身前，如图 7–10⑸所示。

⑹左手抓住抖竿，右手放开接过的抖绳，恢复盘丝，如图 7–10⑹所示。

第八章 立盘丝脱绳花样技巧

在双轮花样技巧中，立盘丝脱绳花样技巧与立盘丝沿绳花样技巧相比，具有奇妙惊险之特征，但难度系数较大。所以，大家在练习立盘丝脱绳技法时，要有心理准备，在教练的指导下，正确理解空竹的运行线路，掌握脱绳时的技术要领，勤学苦练，就能熟练掌握这一技法。

第一节　背后飞珠

背后飞珠有的简称背脱，就是空竹脱绳后，直接从背后飞到另一侧。所谓“背后”，就是空竹飞起的高度在人的头部以下。其操作方法是：

⑴启动空竹后做立盘丝。

⑵当把空竹盘到图 8-1⑴所示的身体左侧时，右手向上将空竹拉起，

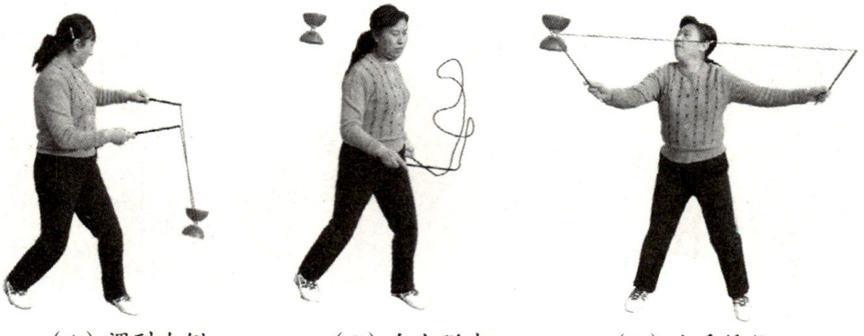

（1）调到左侧　（2）向上脱出　（3）右手挂住

图 8-1　背后飞珠

空竹脱绳后从身体左侧经背后飞向右侧，如图 8–1⑵所示。

⑶空竹脱绳后，身体向右扭转，右手从空竹的右边由右向左挂住空竹恢复立盘丝，如图 8–1⑶所示。

第二节　弯弓射日

这个花样是立盘丝背后空竹脱绳的技法，难度系数大，刚开始练习时不要着急，只有坚持练习才能突破难点。其操作方法是：

⑴启动空竹后做立盘丝。

⑵空竹被盘到身前时，左手向左伸展，右手过顶于身后，如图 8–2⑴所示。

⑶空竹过顶后，身体向右转动，右手向右伸展，左手竿横于身后，空竹到达身体右侧，如图 8–2⑵所示。

⑷空竹到达右侧后，右手从身后向左摆动，左手向左并逐渐向上提起空竹脱绳，如图 8–2⑶所示。

⑸右手过顶向前，从空竹的右侧向左挂住空竹复原，如图 8–2⑷所示。

（1）过顶于后

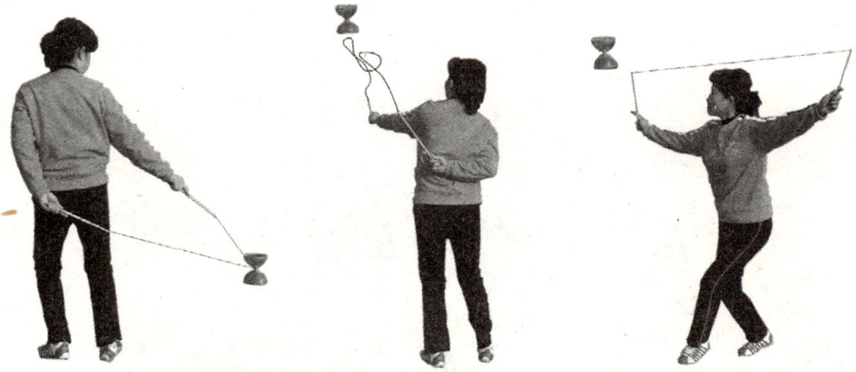

（2）摆到右边　（3）向上脱绳　（4）右手收住

图 8–2　弯弓射日

第三节　盘龙吐珠

盘龙吐珠是双轮花样技巧中一个别开生面的技法，有的称为“盘旋脱铃”。该动作强健、潇洒，舒展动人。其操作方法是：

⑴启动空竹，并转入立盘丝。

⑵当空竹盘到右前方时，右手绳反抄，做盘丝过顶，并使空竹处于左手竿头处，左、右手向外伸展呈“一”字形，如图 8–3⑴所示。

⑶身体向左旋转，做盘旋状。然后右小臂前弯，抖竿举起至头顶。

⑷右手向右拉动空竹，空竹脱绳并向右前方飞去，如图 8–3⑵所示。

⑸身体右转，右手绳套住空竹恢复原状，如图 8–3⑶所示。

（1）盘到左侧　　（2）脱出向上　　（2）右手套住

图 8–3　盘龙吐珠

第四节　金珠绕身

金珠绕身是指空竹沿着缠绕在身体上的抖绳进行运转，好比一颗金珠围绕着身体旋转一般。该花样也属一个高难度技法。其操作方法是：

⑴启动空竹并做立盘丝。

⑵待把空竹盘到身体右侧时，两手向左侧摆动，空竹到达身体左侧，如图 8-4⑴所示。

⑶身体连续向左转动，右手竿放于左臂下边，左手带着空竹过顶经身后到达身体右侧，抖绳绕在身体背后，如图 8-4⑵所示。

⑷当身体左转 360° 后，空竹到达身前，这时左手向上提起抖绳使空竹脱绳，如图 8-4⑶所示。

⑸空竹脱绳后，如图 8-4⑷所示那样，右边绳从空竹的右边挂住空竹，并向左边甩去，空竹从左臂的下边通过，经身后绕身体一周到身前。

⑹然后重复⑶、⑷操作，使空竹在左绳上脱出，右手绳挂住向后甩，来往绕身三圈后，右手绳反抄住空竹，并从左边过顶到身前复原，如图 8-4⑸所示。

（1）盘到左侧

（2）过顶于后

（3）脱绳

（4）右手挂住

（5）反抄过顶

图 8-4　金珠绕身

第九章 一线二空竹的启动、加速与调整

前边介绍的几章，均是双轮空竹一线一的内容。本章我们将要介绍一线二双轮空竹技法。所谓一线二，就是在一根线上同时有两个空竹在运转。这一技法要比一线一的技法更有特色，表演的效果更是锦上添花，更能提高大家学习空竹的兴趣。

由于双轮空竹结构的特殊性，它比单轮空竹的启动容易得多。综合全国各地常用的双轮启动，主要有地面启动法、悬挂启动法、手抛启动法。

第一节 启动法

一、地面启动法

地面启动法是初学一线二空竹技法的常用启动法。它是将两个空竹放于地面之上，按照一定的压绳规律，然后向上将空竹提起旋转而启动。其操作方法是：

⑴将抖绳打开，将空竹放在抖绳上，然后使一个轮面对着身体放在地面上，如图 9-1 ⑴所示。如为轴承空竹时，则应符合转向要求。

⑵然后再拿第二个空竹，放于第一个空竹的右边，同时要把抖绳压在空竹轴的下面，如图 9-1 ⑵所示。

⑶第二个空竹放好后，再把第一个空竹同抖绳拿起放到第二个空竹的右边，如图 9–1⑶所示。

⑷身体立起，左、右手拿着对应的抖竿，左手竿在下，右手竿在上，如图 9–1⑷所示。

⑸右手垂直向上拉起抖绳，抖绳将压在上面的第二个空竹弹起，第一个空竹挂在绳套上，如图 9–1⑸所示。

⑹两手向外打开，让弹起的空竹落到右边抖绳上，然后右手向下送，左手向上提，使两个空竹在绳套中旋转，如图 9–1⑹所示。这种方法是一线二的基本抖法。

（1）放在地上　（2）压绳放地　（3）移至右边

（4）左下右上　（5）向上弹起　（6）抖转

图 9–1　地面启动法

二、悬挂启动法

悬挂启动法是在地面启动法完全熟练的基础上，采用的一种便捷启动方法。它与地面启动法不同点，一是身体不下蹲，二是空竹直接悬挂在抖绳上。其操作方法是：

⑴将一个空竹放入绳套之中抖转后解扣，然后左手持双竿，如图9-2⑴所示。

⑵右手拿起另一个空竹，并由前向后放入绳套，使其靠在右手抖绳的边上，如图9-2⑵所示。

⑶然后将空竹绕绳一周，使空竹轴上的绳扣为交叉扣，右手松开空竹，接过抖竿，空竹悬挂在右手抖绳上，如图9-2⑶所示。

（1）挂住一个　　（2）加扣

（3）悬挂　　（4）拉起　　（5）抖转

图9-2　悬挂启动法

⑷右手上、下拉动几下抖绳，使先前挂在绳套上的空竹转速提高，然后右手向右拉动抖绳，挂在绳套上的第一个空竹弹起，而悬挂在右手绳上的空竹顺势解扣，如图 9–2 ⑷所示。

⑸两手向外打开，让弹起的空竹落到右边绳上，然后右手向下送，左手向上提，使两个空竹在绳套中旋转，如图 9–2 ⑸所示。

三、手抛启动法

这种启动方法比前两种启动方法更简单，它是直接将另一个空竹抛起，然后再让其落到右边绳上即可。但抛起时的方法是有讲究的。其操作方法是：

⑴先将一个空竹放入绳套之中，抖转后解扣并垂于身前。

⑵左手接过右手竿，右手拿起另一个空竹，如图 9–3 ⑴所示。

⑶右手五个手指抓着空竹的轮面，同时右手按逆时针方向旋转并将空竹向上抛起，如图 9–3 ⑵所示。

⑷空竹抛起后，右手接过抖竿，两臂向外打开，让空竹落到右边绳上，如图 9–3 ⑶所示。

⑸然后按正常一线二的抖法抖转空竹。

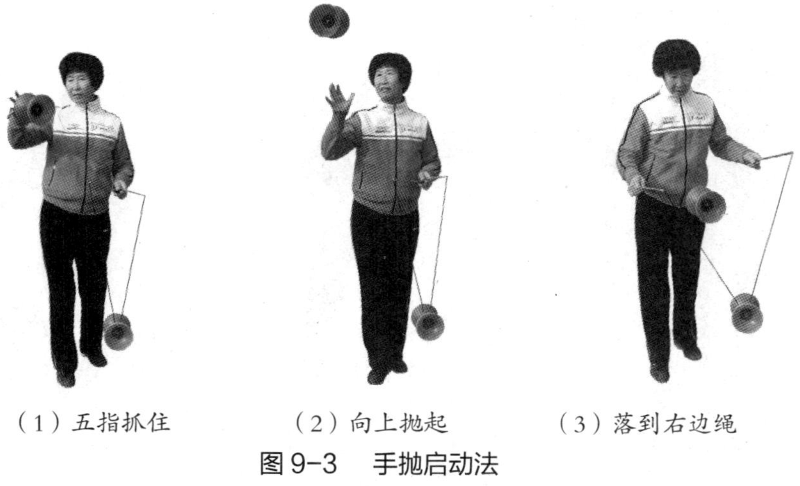

（1）五指抓住　　（2）向上抛起　　（3）落到右边绳

图 9–3　手抛启动法

第二节　一线二空竹的抖法

当一线二空竹启动后，就要对一线二空竹进行抖动。由于一线二空竹是两个空竹在一根绳上进行自转和公转，所以一线二的抖法就具有特殊性。如何对一线二空竹进行抖动呢？下面就来学习这一技法。其操作方法是：

⑴启动空竹后，两个空竹的位置基本上是在对立的两个面上。当两个空竹为横向时，左右两边绳上各有一个空竹，如图 9–4⑴所示；如两个空竹为上下时，则下边的空竹在绳上，上边的空竹正在两绳之间悬空，如图 9–4⑵所示。

⑵根据上面的空竹位置，你对一线二空竹的运行原理可能知道一些了。这些位置也就决定了一线二空竹的抖法。在抖一线二空竹时，不能采用一线一空竹的抖法，因为一线一空竹完全是用右手臂的一上一下来完成的。而在抖一线二空竹时，则是左手向上将空竹提起，然后空竹再由左向右飞到右边绳的上边沿，这样右手就要向下送。这样左手上提，右手下送，空竹就会从右边绳沿绳向下，再由左边绳下沿绳向上。然后左手将空竹提起到右边绳上再进行下一轮的循环，如图 9–5 所示。

（1）横向时

（2）竖向时

图 9–4　空竹位置

图 9–5　一线二空竹抖法

第三节　一线二空竹的加速与调整

一线二空竹启动后，要有一定的转速才能完成各花样技巧，所以，一线二空竹的加速显得非常重要。但是在正常抖动的情况下，由于受风向、两手用力的不均衡，以及空竹重量和结构的差异，则空竹会在抖动的过程中产生倾斜，影响到一线二空竹的抖动质量。在这一节中主要就是来解决一线二空竹加速和调整这两个问题。

一、加速的方法

一线二空竹的加速一般采用如下方法：

⑴一线二空竹启动后先按正常抖法进行抖动。

⑵待左侧的空竹将要弹起时，右手抖绳从空竹的左方向下套住空竹，然后向右侧甩去，也就是给空竹轴上加了一绳扣，如图 9-6 ⑴所示。

⑶被拉起的空竹到达右上方时，所加的绳扣解除，如图 9-6 ⑵所示。

⑷然后右手抖绳再重复上述⑵、⑶的操作，把弹起的空竹套住、解扣，这样空竹的转速就得到了提高。

（1）套住空竹　　（2）甩起解扣

图 9-6　空竹加速

二、一线二空竹的调整

在抖一线二空竹时，如果一个空竹发生偏斜和上下不平时，就会影响正常的抖动。在这种情况下，就要对这种现象进行纠正，使其回到正常的运行状态上来。

1. 高低的调整

在两个空竹中有一个空竹发生高低不平时，要对这一空竹进行调整。调整时，应用右手竿横着向前，在高起的轮面上轻压一下，迫使高起的一端向下。

2. 倾斜的调整

如果在一线二空竹中某个空竹的端面产生倾斜时，则应用右手竿头稍稍点压一下倾斜的轮面里侧，空竹就会恢复到正常位置。

第十章 一线二空竹花样技巧

一线二空竹花样技巧，不但具有双轮空竹的个性和魅力，更具有极强的艺术感染力和丰富的表演形式。可以说，一线二空竹花样技巧是双轮空竹花样技巧中的精华。

第一节　背手摇扇

背手摇扇就是将一线二空竹抖转后，一只手持双竿，另一只手背于身后，使两个空竹在左右绳间旋转自如。该动作信步悠闲，飘逸轻盈，优美。其操作方法是：

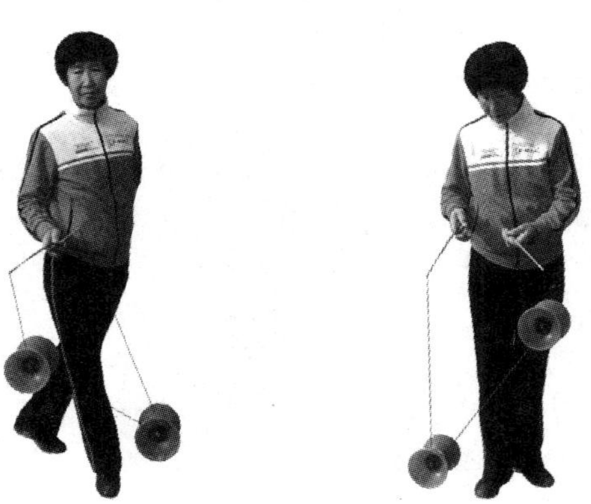

（1）背手摇扇　　（2）左手接竿

图 10-1　背手摇扇

⑴启动空竹并加速，使空竹转速升高。

⑵待两个空竹运转平稳后，将左手抖竿递到右手中，左竿头稍比右手竿高。

⑶左手背于身后，右手由左向右，并由上向下划圆摇动空竹，使空竹在绳套内运行，并且身体可以向前走动，如图 10–1 ⑴所示。

⑷空竹转速下降时，左手接过抖竿抖动，如图 10–1 ⑵所示。

第二节 元宵挂灯

元宵挂灯是将一个空竹加扣后，空竹沿绳向上，像一盏红灯高高挂起。该花样线路明晰，动作简洁，但须手疾眼快，而且还不能使用轴承空竹。其操作方法是：

⑴启动一线二空竹，并使其转速提高。

⑵待一个空竹运行至身体右侧，一个空竹在胸前时，右手竿迅速从胸前空竹的左边向下套住空竹，如图 10–2 ⑴所示。

⑶当空竹在运行一周到达左侧时，被加扣的空竹沿绳向上，另一个

（1）套空竹　（2）沿绳向上　（3）滑下

图 10–2　元宵挂灯

空竹在下边绳套上旋转，同时身体下蹲，如图 10–2 ⑵所示。

⑷空竹上至最高时，左手从空竹的左侧向下，如图 10–2 ⑶所示，而下边的空竹从右边绳上跳到左边绳上。

⑸右手挂住右侧空竹向右侧甩去，左边空竹离绳向右，身体立起，恢复一线二空竹操作。

第三节　蚌开珠落

这一花样具有流畅简练的特点，但是手法变化较大，是练习一线二空竹抖法的基本花样技法。其操作方法是：

⑴启动一线二空竹，并使空竹运转平稳。

⑵当一个空竹运行在身前下方时，左手向上将另一个空竹挑起脱绳，如图 10–3 ⑴所示。

⑶在将空竹挑起的同时，右边绳从左手竿的左侧搭到左竿上，并向右边拉出抖绳，如图 10–3 ⑵所示。

⑷右手拉长后，让脱出的空竹落到绳上，如图 10–3 ⑶所示，然

（1）挑起　（2）搭竿拉绳　（3）落于绳上　（4）竿上滑下

图 10–3　蚌开珠落

后将左手竿头朝下，使搭在竿上的绳扣从竿上滑脱到右边绳上，如图10-3⑷所示，恢复一线二空竹抖法。

第四节　断筝回程

断筝回程，好比一只断线的风筝，经过游荡后又回到原来的位置。这是一个腿下脱竿的花样技法。其操作方法是：

⑴启动一线二空竹，并提高其转速。

⑵两手向外打开，右腿抬起跨进绳套之中，如图10-4⑴所示，然后做脚下弹跳动作。

⑶待一个空竹由左边绳跳到右边绳上时，右手竿头顶到空竹轴上，然后随势送至右腿的下面松开抖竿，如图10-4⑵所示。

⑷右手松竿后，右腿落地，左手带着两个空竹按顺时针方向摇转，空竹由下向上。

⑸空竹由上向下，当松开的右手竿到达身前上方时，右手向前接住右竿，如图10-4⑶所示。

（1）右腿跨入　　（2）松开右竿　　（3）右手接竿

图10-4　断筝回程

⑹调整好右手拿竿的位置，抖动空竹。

第五节　挂肘翻铃

挂肘翻铃花样是一线二空竹的经典之作。该花样新颖独特，姿势优美，具有浓厚的窈窕淑女的风采和韵味。其操作方法是：

⑴启动一线二空竹，并使其运转平稳。

⑵身体稍向左扭，左手由上向下按压抖竿，两个空竹由下向上，如图 10-5⑴所示。

⑶空竹由上向下时，右边绳从空竹的外面向左，待一个空竹由左边

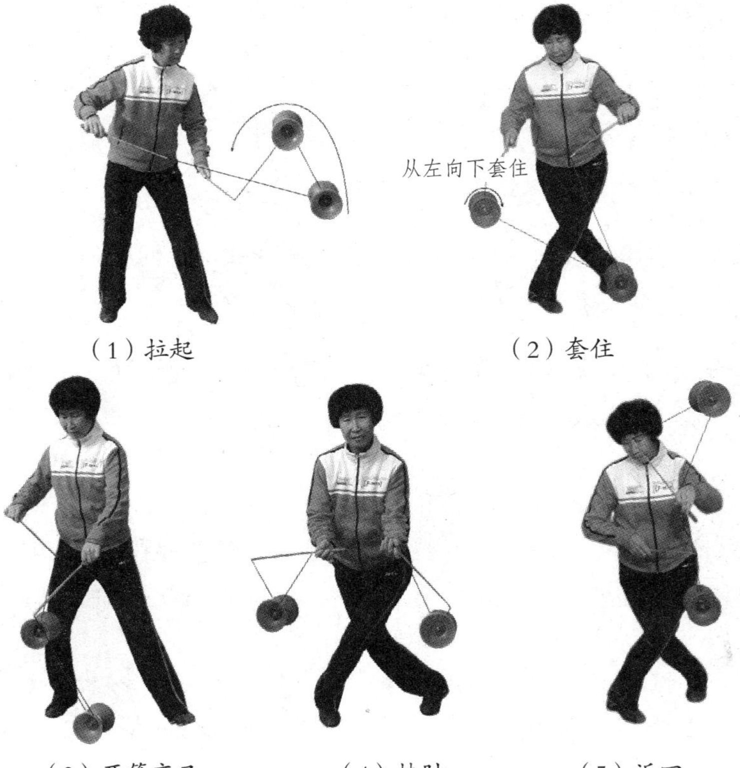

（1）拉起　（2）套住

（3）两竿交叉　（4）挂肘　（5）返回

图 10-5　挂肘翻铃

绳上跳到右边绳上时，身体扭向右侧，右手绳迅速从空竹的左侧向下套住空竹，如图 10–5 ⑵所示。

⑷右手套住空竹后，带着空竹由右向左。左手则由左向右，两竿呈交叉状，如图 10–5 ⑶所示。

⑸左手抖竿带着一个空竹从身体的右侧由下向上，右手抖竿头朝向右边，两臂向前伸平，左手所带的空竹随绳挂于左手臂上，右手空竹挂在右手臂上，如图 10–5 ⑷所示。这时两腿交叉下蹲。

⑹空竹搭臂后，左手带着空竹由原路返回，右手竿逐渐伸向左边，如图 10–5 ⑸所示，空竹回落到下边时，恢复一线二空竹抖法。

第六节　渔姑收网

渔姑收网花样技巧是两手拉动抖绳，犹如渔民收网一般。在做此花样时，要求动作娴熟，轻松自如。其操作方法是：

⑴启动一线二空竹，使其转速提高。空竹运转平稳后，身体向左扭转 90° ，右手竿头朝向左方。

⑵左手上提，将左绳上的空竹弹向右边，右手绳迅速从空竹的左侧向下套住空竹，如图 10–6 ⑴所示。这时左脚向后撤一步，与右腿呈交叉状。

⑶套住空竹后，右手带着空竹由右向左，左手带着空竹由左向右，如图 10–6 ⑵所示。但要注意，右边的空竹从左边空竹的上部通过，而右手则应在空竹的外侧摇转。

⑷两手均按逆时针方向摇转空竹 2~3 圈，如图 10–6 ⑶所示。

⑸摇转结束时，身体转回，待右手空竹运转到身体右上方时，右手

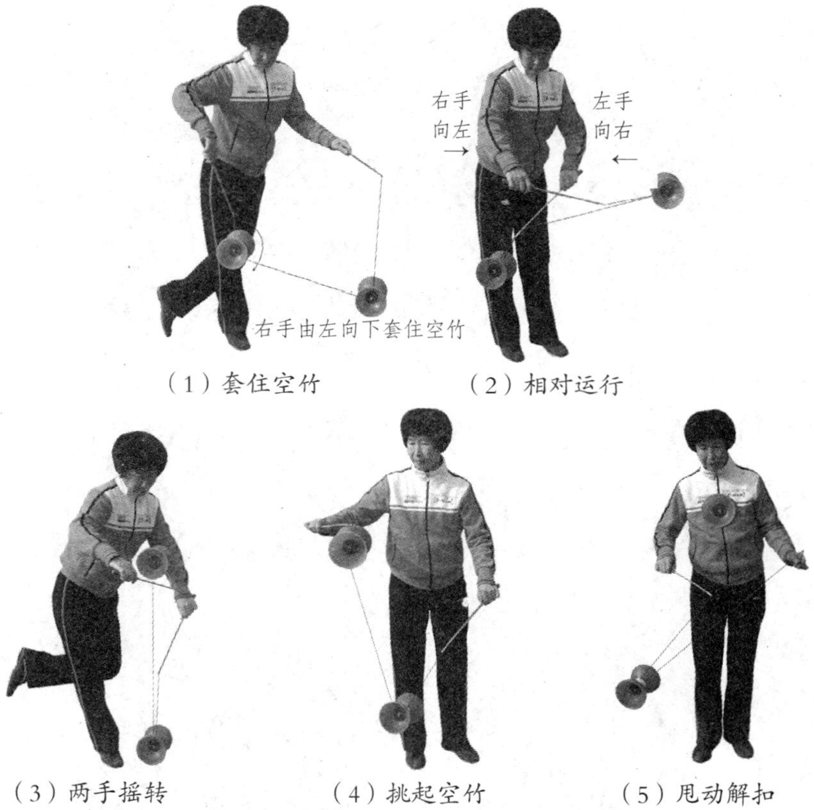

（1）套住空竹　（2）相对运行

（3）两手摇转　（4）挑起空竹　（5）甩动解扣

图 10-6　渔姑收网

竿前伸挡住抖绳，右手竿挑着空竹不动，如图 10-6⑷所示。

⑹右手带着空竹向右边甩去，绳扣解除，另一个空竹弹起，如图 10-6⑸所示。然后按一线二空竹抖法抖动。

第七节　仙姑抛带

何仙姑是八仙中唯一的一位女神。相传何仙姑在大会群仙于广州增城西园寺的时候，把一条翠绿色的绸带挂在荔枝树上，这棵荔枝树因此有了仙气。该花样则取名于此。其操作方法是：

(1)启动一线二空竹，使其转速升高。

(2)抖转空竹数圈，待一个空竹弹起时，右边绳迅速从空竹的左侧向下套住空竹，如图 10–7(1)所示。

(3)套住空竹后，右手带着空竹向右边甩去，空竹下落时右臂前伸，让抖绳搭于右前臂上，同时身体下蹲，如图 10–7(2)所示。

(4)然后右手按顺时针方向摆动，同时将右竿松开，手指勾住抖绳，空竹和竿由右向左移动，如图 10–7(3)所示。

(5)空竹与竿移动到右上方时，右手松开抖绳去抓住右手竿，如图 10–7(4)所示。

(6)右手得竿后向右边甩去解扣，另一空竹弹起并落于右边绳上，恢复抖法，如图 10–7(5)所示。

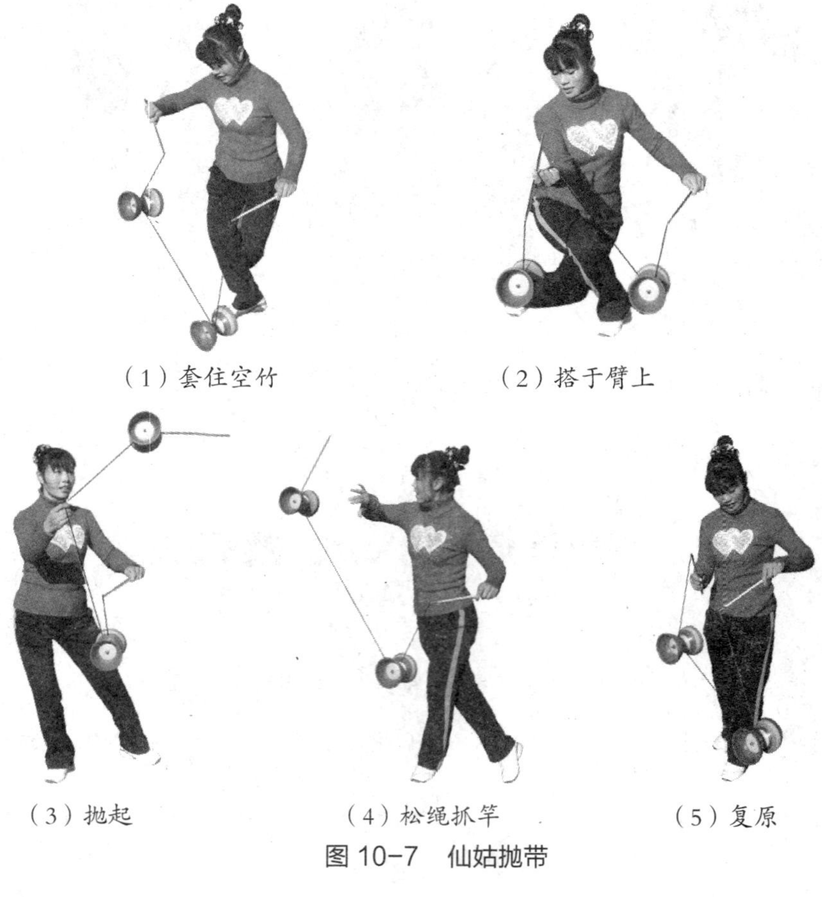

（1）套住空竹　（2）搭于臂上

（3）抛起　（4）松绳抓竿　（5）复原

图 10–7　仙姑抛带

第八节　弄玉跨凤

弄玉是秦穆公的一个女儿，善吹笙，后与吹箫的萧史结为夫妻。他们成仙后，弄玉跨着凤，萧史乘上龙，飞天而去。“弄玉跨凤”空竹技法就是根据这一神话故事而创编的。其操作方法是：

⑴启动一线二空竹并加速。

⑵当空竹运转平稳，并且待一个空竹跳到右边绳边上时，右手迅速从空竹的左边向下套住空竹，如图 10-8 ⑴所示。

（1）套住空竹　（2）拉起　（3）挂肘

（4）弹起　（5）接住　（6）抛起　（7）落下

图 10-8　弄玉跨凤

(3)套住空竹后，右手带着空竹向左，左手向上将空竹拉起，这时被套的空竹绳扣解除，如图 10–8 (2)所示。

(4)左手前臂向前伸去，使拉起空竹的抖绳回落到左手腕上，如图 10–8 (3)所示。

(5)右手向上将右边抖绳上的空竹弹起 200 毫米左右，如图 10–8 (4)所示；然后右手从里向上绕空竹一周后接住空竹，如图 10–8 (5)所示。这样的操作可重复两次。

(6)最后一次弹起时，空竹要高于头部，如图 10–8 (6)所示。

(7)然后左手按顺时针方向摇转，空竹从左边返回到右边，右手向右，让空竹落到右边绳上复原，如图 10–8 (7)所示。

第九节　平沙落雁

《平沙落雁》是一首古琴曲，其意在借鸿鹄之远志，写逸士之心胸。该花样具有起而又伏、绵延不断、悠扬流畅之感，是一线二空竹中具有表演性的花样。其操作方法是：

(1)启动一线二空竹并加速。

(2)待一个空竹由左边绳上跳起时，右边绳迅速从空竹的左边由上向下套住空竹，如图 10–9 (1)所示。

(3)然后右手带着空竹由右向左，左手则由左向右拉起另一个空竹，这时被套的空竹绳扣解除，如图 10–9 (2)所示。

(4)左手拉起的空竹从上向下，左手前臂向前，使落下的抖绳挂到手腕上，同时身体下蹲，如图 10–9 (3)所示。

(5)身体向上立起，右手向上将右边绳上的空竹弹起过头顶，左手抖

（1）右绳套住　（2）左手拉起　（3）挂于手腕　（4）抛起

（5）搭于右手　（6）向上抛起　（7）落于绳上

图 10-9　平沙落雁

绳使空竹由左向右，如图 10-9⑷所示。

⑹右手按逆时针方向摇转在绳上的空竹两圈，到达右上方时，右手竿前伸挑着抖绳，空竹挂于右手臂上，抛起的空竹落于左边的绳上，如图 10-9⑸所示。

⑺左手向上将落于绳上的空竹弹起过头部，右手按顺时针方向摇转，并带着挂于臂上的空竹由右向左，然后沿绳向下，如图 10-9⑹所示。

⑻右手向右拉直抖绳，让下落的空竹落于右边的绳上，如图 10-9⑺所示。随后按一线二空竹抖法抖转空竹。

第十节　双龙翻滚

双龙翻滚，有的地方也叫滚雪球。这个花样看上去很复杂，但是当你掌握了基本操作方法之后，就感到比较容易了。这个花样分左、右两式。

一、左式

⑴启动一线二空竹并加速。

⑵当空竹转速升高并且运转平稳时，身体稍向左扭，两竿头均朝向左侧，右边绳带着一个空竹由右向左，如图 10–10⑴所示。

⑶左手则由上向下，带动另一个空竹搭于右边绳上，待下边的空竹翻到上边时，也搭到右边绳上，如图 10–10⑵所示。

⑷两手逐渐向上，两个空竹在绳套中以顺时针方向滚动向上，如图 10–10⑶所示。

⑸当两个空竹翻转有 3~4 圈时，身体向下蹲，右边绳从空竹的外边

（1）左手拉起　（2）搭于右绳　（3）翻滚向上　（4）解扣

图 10–10　双龙翻滚（左式）

由右向左将绕在空竹上的绳扣解除，如图 10-10⑷所示。

⑹身体逐渐立起，恢复一线二空竹的抖法。

二、右式

⑴启动一线二空竹并加速，待空竹运转平稳后身体稍向右扭。

⑵右手带着空竹由右向左，左手带着空竹从右手空竹的上面由左向右，如图 10-11⑴所示。

⑶在左手拉起空竹将到右边时，左边绳从空竹的右侧由上向下加一绳扣，如图 10-11⑵所示。

⑷当右手空竹由下向上到达右边时，应落在右边绳上，如图 10-11⑶所示。

（1）调位　（2）左手加扣　（3）落到右绳　（4）翻滚向上　（5）右手解扣

图 10-11　双龙翻滚（右式）

⑸空竹落到右绳后，身体逐渐下蹲，两手臂举竿不动，两空竹在绳套中以顺时针方向滚动向上，如图 10-11⑷所示。

⑹到达上部后，右手竿按顺时针方向摇转一周，将绳扣解除，恢复一线二空竹的正常抖法，如图 10-11⑸所示。

第十一节　十八相送

“十八相送”是我国四大传说之一的一个美丽动人的故事——《梁山伯与祝英台》的一个名段，被誉为“中国民间文化”中的经典。在这个花样中，由于两个空竹相依相随，如十八相送一般。其操作方法是：

⑴启动一线二空竹后抖转并加速。

⑵右手竿头朝向左下方，待一个空竹从左边绳上弹起后，右边绳从空竹的左边由上向下套住空竹，右手竿从所套空竹的外边由左向右，如图 10-12⑴所示。

⑶右手带着空竹由右向左，左手带着下边的空竹按逆时针方向由下向上，这时右边绳所套空竹的绳扣被解除，如图 10-12⑵所示。

（1）右手套住　（2）左手拉起　（3）空竹回落　（4）弹向右绳

图 10-12　十八相送

⑷左手带的空竹回落到如图 10–12⑶所示的左边绳时，左手上提，将空竹弹向右边绳，如图 10–12⑷所示。

⑸空竹到达右边绳上后，按一线二空竹的抖法抖动。

第十二节　礼尚往来

在《礼记·曲礼上》中说："礼尚往来。往而不来，非礼也；来而不往，亦非礼也。"在这里借用礼尚往来，一是启发大家在朋友交往中要继承传统美德，二是要真正领会这一花样技法。其操作方法是：

⑴启动一线二空竹并加速。

（1）右绳套住　（2）搭于手腕

（3）向上拉起　（4）搭于手腕　（5）上到竿上

图 10–13　礼尚往来

⑵待空竹运转平稳并从左边绳上弹至右边绳上时，右边绳从空竹的左侧由上向下套住空竹，右手则从空竹与身体之间由左向右，如图 10–13⑴所示。

⑶然后右手向上将空竹拉起，下落时，右手竿向前，使抖绳搭到右竿上，同时身体下蹲，左手向左挑着另一个空竹，如图 10–13⑵所示。

⑷右手按逆时针方向摇转，带动空竹由右向左旋转一周；左手带着空竹由左向右旋转一周，如图 10–13⑶所示。

⑸空竹到达右侧时，右手从空竹的左边由上向下套住，然后从空竹外侧向右，如图 10–13⑴所示。

⑹右手向上将空竹拉起，下落时，右手竿向前，使抖绳搭到右手腕上，同时身体下蹲，左手向左挑着另一个空竹，如图 10–13⑷所示。

⑺左手向上将空竹弹起，右手竿头由前向左，搭在右手腕上的抖绳滑下，并用竿头接住弹起的空竹，如图 10–13⑸所示。

⑻右手竿头放低，空竹从竿上滑到绳上向下，左手向上提起空竹，恢复一线二空竹的抖法。

在这个花样技法中，应注意右手套住空竹时，竿的回去位置是不一样的。第一次右手竿是从空竹的里侧通过到右边的；第二次则是从空竹的外边通过到右边的。

第十三节 双星拱月

双星拱月是根据这个花样的造型而定名的。在做这个花样时，主要有个翻身和转身仰面，犹如一个弯弯的月亮，两个空竹这时正处在表演者背下和其面的上部。空竹处于背下的叫下拱月，在其面上的则叫上拱月。

一、下拱月

⑴启动一线二空竹并加速。

⑵空竹转速升高且运转平稳时，身体稍向左扭，两竿头均朝向左侧，右手绳带着一个空竹由右向左，右腿交叉于左腿后，如图 10–14⑴所示。

⑶左手则由上向下，带动另一个空竹搭于右手绳上，待下边的空竹翻到上边时，也搭到右边绳上，右脚向前一步，左腿交叉于右腿后，如图 10–14⑵所示。

⑷右脚向左上一步，身体左扭，调空竹于身体右侧，如图 10–14⑶所示。

（1）左手拉起　（2）搭于右绳　（3）调于右侧

（4）翻身拱月　（5）转到左侧　（6）接住复原

图 10–14　双星拱月（下拱月）

⑸身体后仰，面朝天，右手由右向下，左手由左向上，身体向左转，空竹处在身体背后下方，如图 10–14 ⑷所示。

⑹身体继续翻转，带动空竹处于身体左侧，左脚向前一步，如图 10–14 ⑸所示。

⑺当转身达到 360° 时，右手接着左手绳上的空竹，右腿交叉于左腿后，恢复正常，如图 10–14 ⑹所示。

二、上拱月

所谓上拱月，就是两个空竹处在表演者脸面的上部。在做这个花样时，与下拱月花样的不同点，就是身体的变动不一样。做下拱月时是翻身，做上拱月时是转身。所以要引起注意。

⑴按下拱月中⑴～⑶操作完成加扣动作，如图 10–15 ⑴、⑵所示。

⑵加扣完成后，右脚向左前上一步，同时身体左转，两手拉起空竹于身前。

⑶左手拉着空竹向上，使空竹处于脸面的上边，如图 10–15 ⑶所示。

⑷当转身达到 360° 时，空竹回到身前。这时左手高举，右手从空

（1）左手加扣　（2）搭于右绳　（3）拉起　（4）解扣

图 10–15　双星拱月（上拱月）

竹的外侧由右向左解除绳扣，如图 10-15⑷所示。

⑸左手向上提起空竹到右边绳，右手下送，恢复正常的一线二空竹抖法。

第十四节　藕断丝连

花类植物的导管内壁会增厚，并形成各种纹理。藕的导管壁增厚部位却连续成螺旋状，特称螺旋形导管。当藕折断时，导管内壁增厚的螺旋部脱离，成为螺旋状的细丝，所以藕断后丝却连着。这个花样就像藕一样，脱竿后再接住，如断后相连。其操作方法是：

⑴启动一线二空竹并加速，待空竹运转平稳后，身体稍向左扭，如图 10-16⑴所示。

⑵然后左手将空竹拉起，右手随势将竿脱手，如图 10-16⑵所示。

⑶空竹运行一周后，脱出的抖竿手柄到达身前，右手接住抖竿，如图 10-16⑶所示。

⑷接竿后，再次将抖竿松开，接住。连续三次后，恢复正常抖法。

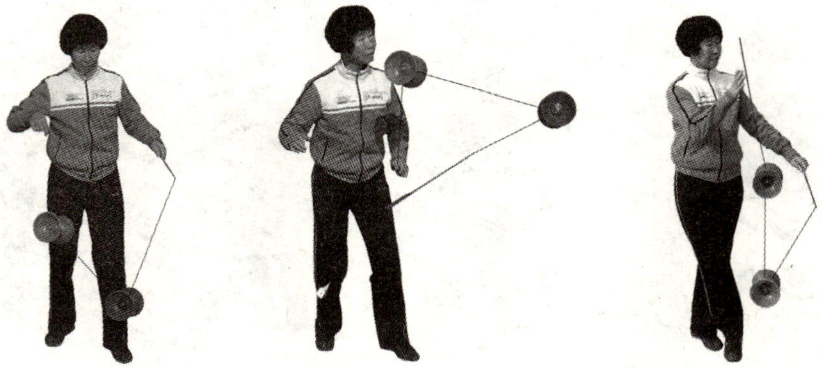

（1）扭转身体　（2）脱竿　（3）接竿

图 10-16　藕断丝连

第十五节　仙人接露

仙人接露由“仙人承露”而来。相传汉武帝刘彻妄想长生，于是在建章宫建仙人承露以获天降甘露。而后仙人承露又被魏明帝东迁洛阳。《三国演义》第一百零五回“武侯预伏锦囊计，魏主拆取承露盘”中，对这段历史就有描述。“仙人接露”空竹技法就是根据这一故事而创编的。其操作方法是：

(1)启动一线二空竹并加速。

（1）加扣　（2）搭绳　（3）拉起

（4）右手挑住　（5）左手弹起　（6）调到左边　（7）接住

图 10–17　仙人接露

⑵空竹运转平稳后，右手带着空竹由右向左，左手竿带着空竹在右手空竹上边由左向右，然后使左边绳上的空竹搭到右边绳上，如图 10-17⑴所示。

⑶右手向上，左手以顺时针方向摇转一周，使原先右手所带的空竹由下向上，搭到右边绳上，如图 10-17⑵所示。

⑷空竹搭绳后，翻滚向上，然后两手向上，空竹在头顶上部运转，如图 10-17⑶所示。

⑸空竹回落时，右腿向后撤一步并交于左腿后边，同时身体下蹲，右手竿前伸并挑着右边的空竹，如图 10-17⑷所示。

⑹身体逐渐立起，左手随势将空竹弹起，如图 10-17⑸所示。

⑺右手从空竹的下边由左向右，空竹按逆时针方向从右向左，这时绳扣解除，如图 10-17⑹所示。

⑻左手向左伸，回落的空竹落到右边绳上，如图 10-17⑺所示。空竹落到绳上所产生的弹力将在绳上的空竹弹起，恢复正常抖法。

第十六节　太极飞旋

太极图被称为中国第一图。太极图中的阴阳鱼是构成太极图的主要元素，所以又称阴阳鱼图。这个图包含着事物的千变万化和阴阳对立的关系。“太极飞旋”空竹技法就是根据太极图而创编的。其操作方法是：

⑴启动一线二空竹并加速。

⑵空竹转速升高、运转平稳时，身体稍向左扭，两竿头均朝向左侧，左边绳带着一个空竹由右向左，如图 10-18⑴所示。

⑶左手则由上向下，带动另一个空竹搭于右边绳上，待下边的空竹

（1）左手拉起　　（2）搭到右绳

（3）滚动向上　　（4）松竿　　（5）接竿

图 10-18　太极飞旋

翻到上边时，也搭到右边绳上，如图 10-18⑵所示。

⑷空竹搭到右边绳上后，两腿交叉，身体下蹲，两空竹在绳套中按顺时针方向翻滚，组成了一幅太极图，如图 10-18⑶所示。

⑸当一个空竹旋转到身体右边时，右手竿头顶住空竹轴，松开抖竿，左手向上掂着空竹，抖竿随着空竹旋转，如图 10-18⑷所示。

⑹空竹带着抖竿旋转到上下垂直时，右手抓住右手竿，如图 10-18⑸所示。身体逐渐向上立起，调好握竿位置后，恢复一线二空竹的抖法。

第十七节　金凤双飞

金凤双飞是两个双轮动作中最为精彩的一种。两个空竹循环被抛起，好比两个凤凰在空中一上一下地飞舞，真是金光万道滚红霓，瑞气千条喷彩虹，让观者目不暇接，目瞪口呆。其操作要领如下：

⑴启动一线二空竹并加速。

⑵空竹运转平稳后，左手将一个空竹向上抛起，另一个空竹在绳上运转，如图 10-19⑴所示。

⑶待抛起的空竹下落时，左手再次将绳上的空竹抛起。两个空竹在半空相会，如图 10-19⑵所示。

⑷两手向外拉直抖绳，让第一个抛起的空竹落到绳子的右边上，如图 10-19⑶所示。并顺绳溜到左边，左手向上将其再次抛起，右手再去接第二个被抛起而下落的空竹。

（1）左手抛起　　（2）再抛一个　　（3）接住第一个

图 10-19　金凤双飞

⑸然后重复⑵～⑷操作，两个空竹循环达到 3~5 次后，不再抛起绳上的空竹，接住另一个下落的空竹后，恢复正常抖法。

第十八节　一线二空竹的收势

事物的发展要有头有尾。一线二空竹花样的最后收势，就是告诉大家你的动作完成了。其操作方法是：

⑴启动一线二空竹后并加速，使空竹转速提高。

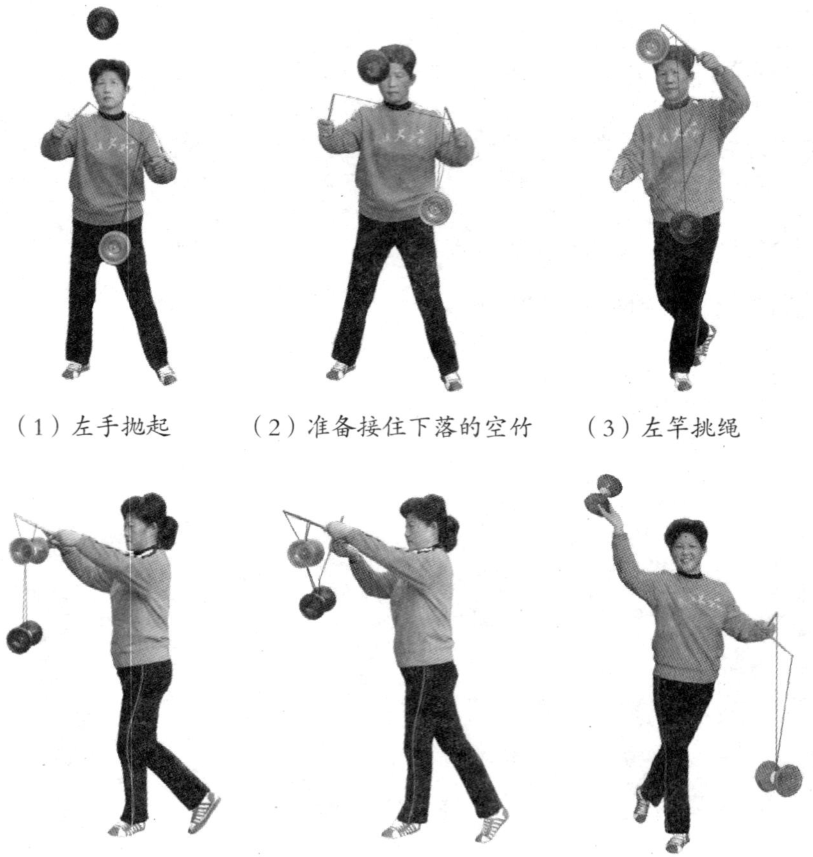

（1）左手抛起　（2）准备接住下落的空竹　（3）左竿挑绳

（4）引绳搭竿　（5）左手接竿　（6）取下

图 10-20　一线二空竹收势

⑵左手向上抖绳，将绳上的一个空竹弹起，如图 10–20⑴所示。

⑶左手竿头挑起抖绳，准备接住下落的空竹，如图 10–20⑵所示。

⑷接住空竹后，左手向上，挑着空竹不动，使落到绳上的空竹顺绳滑下，如图 10–20⑶所示，同时身体向右转 90°，使两个空竹与身体平行。

⑸右手提着下边的空竹向上，右边绳从上边空竹的前面搭到空竹轴上，如图 10–20⑷所示。

⑹搭到轴上后向下引绳，再从下边空竹的前面过轴兜住空竹，然后引绳向上，将右手竿递到左手中，如图 10–20⑸所示。

⑺右手拿住下边的空竹，并从绳套中取下，如图 10–20⑹所示，收势完成。

参考文献

[1] 梁溪坐观老人．清代野记．成都：巴蜀书社出版社，1988.

[2] 刘侗，于亦正．帝景物略．上海：上海古籍出版社，2001.

[3] 施耐庵，罗贯中．水浒传．北京：人民文学出版社，1991.

[4] 张耀忠．太极十三刀．北京：人民体育出版社，2003.

[5] 李旺华．武术与养生．广州：中山大学出版社，2003.

[6] 李洪滋．运动与健康．北京：化学工业出版社，2004.

[7] 席庸．太极拳与科学健身．西安：西安交通大学出版社，2004.

[8] 张清华，罗伟凡．运动养生．北京：中国社会科学出版社，2007.